L'EUROPE

TABLEAUX GÉOGRAPHIQUES

PAR

E. JANIN

PROFESSEUR D'HISTOIRE A L'ÉCOLE TURGOT

PARIS

1880

PARIS. — IMP. J. HALINBOURG, 5, RUE DES FONTAINES. — TYP. RADENEZ, MONTDIDIER.

L'EUROPE

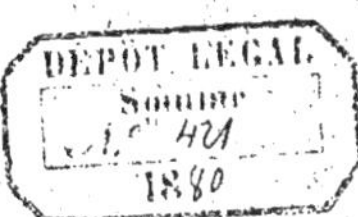

TABLEAUX GÉOGRAPHIQUES

PAR

E. JANIN

PROFESSEUR D'HISTOIRE A L'ÉCOLE TURGOT

PARIS

1880

PARIS. — IMP. J. HALINBOURG, 5, RUE DES FONTAINES. — TYP. RADENEZ, MONTDIDIER.

Groupe du Nord-Ouest. — 1° Les Iles britanniques ou Royaume-Uni de Grande Bretagne et d'Irlande (United Kingdom of Great Britain and Ireland).

Situation, Limites, Littoral.

Situé au N.-O. de l'Europe, dans l'Océan atlantique, l'archipel britannique est borné par :

- **A l'Est — La mer du Nord.** Cette mer baigne une côte généralement basse, sablonneuse et bordée de dunes ou marécageuse qui présente les golfes ou firth de *Murray*, du *Tay*, du *Forth*, l'estuaire de l'*Humber*, le golfe vaseux du *Wash* et l'estuaire de la *Tamise* ; les caps *Duncansby*, *Kinnairds*, *Flamborough*, N. et S. *Foreland*.
- **Au Sud — La Manche.** On entre dans cette mer que les Anglais appellent *English Channel* (Canal anglais) par le *Pas-de-Calais* ou **Strait of Dover** (détroit de Douvres). Côte généralement élevée, formée à l'Est de falaises calcaires qui rappellent les falaises normandes, à l'Ouest de falaises granitiques. Cap *Beachy-head* où Tourville battit la flotte anglaise en 1690 ; rade de *Spithead* ; presqu'île de *Portland* ; baie de *Tor*, où débarqua Guillaume en 1688 ; caps *Lizard* et *Land's End*.
- **A l'Ouest — L'Océan atlantiq.** Il forme, entre les deux grandes îles de l'archipel, la *mer d'Irlande* dans laquelle on entre par le *Canal du Nord* et le *Canal St-Georges*. — La côte occidentale de l'Angleterre et de l'Écosse est rocheuse, escarpée, profondément découpée surtout en Écosse où elle présente un grand nombre de presqu'îles, d'îles, de caps ou *mull*, de détroits, de golfes ou *firth*, de baies étroites et profondes ou *loch* resserrées entre de hautes montagnes et semblables aux fiords de la Norwège. — Canal de *Bristol*, baies de *Swansea* et de *Cardigan*, estuaire de la *Dee* et de la *Mersey*, baie de *Morecambe*, golfe du *Solway*, golfe de la *Clyde*, presqu'île de *Cantyre*, loch *Linnhe*, cap *Wrath*.

  L'Irlande, en général, moins découpée que l'Angleterre, surtout sur sa côte orientale, présente au Nord, le cap *Bengore* ; à l'Ouest, les baies de *Donegal*, de *Galway* et de *Bantry* (bataille de 1689) ; au Sud, les caps *Mizen* et *Clear* et la baie de *Waterford* ; à l'Est, la baie peu profonde de *Dundalk*.

Divisions physiques du Royaume-Uni. Il se compose de :

- **1° Deux grandes îles.** A l'Est la **Grande Bretagne** qui comprend l'*Angleterre, le Pays de Galles* et l'*Écosse*. A l'Ouest l'Irlande.
- **2° Plusieurs petites îles.** Au Nord, sur les côtes d'Écosse, les îles *Skye*, *Mull*, *Jura*, *Islay*, *Arran*, etc.

  Dans la mer d'Irlande, l'île de *Man* et l'île d'*Anglesey*. Cette dernière île qui fut, il y a 2000 ans, la métropole religieuse des Celtes est unie à la côte Galloise par deux ponts fameux qui franchissent le détroit de *Menai* : l'un d'eux est un pont tubulaire appelé *Britannia tunnel bridge*.

  Dans la Manche, l'île de *Wight* « la perle de l'Océan. »
- **3° Plusieurs archipels.** Au Nord les *Orcades* ou *Orkney* (pêche du hareng, de la morue ; capture des oiseaux marins) séparées de la côte par le détroit de *Pentland* ; les *Shetland* dont les habitants sont marins, pêcheurs, chasseurs d'oiseaux de mer, bergers ou gardeurs de chevaux. — Au N.-O. les *Hébrides* ou *Western Islands*. Séparées du continent par les détroits du *Grand* et du *Petit Minsh*, elles se composent de 300 îles ou îlots montagneux le plus souvent stériles dont les 115,000 habitants s'occupent surtout de pêche.

  Dans la Manche, l'archipel Anglo-Normand : *Aurigny* (Alderney), *Guernesey* et *Jersey*. Cap. St-Hélier ; au S.-O., les 150 îles *Sorlingues* ou *Scilly* qu'on croit être les *Cassitérides* des anciens.

Superficie. *314,050 kil. carrés* (soit 31 millions et demi d'hectares) dont un peu moins de 15 millions sont occupés par les montagnes.

Population. *34 millions d'habitants* dont 25 pour l'Angleterre, 5 1/2 pour l'Irlande et 3,500,000 pour l'Écosse. — 109 habitants par kil. carré. — Aussi les îles britanniques sont-elles *un des pays les plus peuplés* de l'Europe par rapport à leur étendue : elles viennent *au 3e rang*, après la Belgique et la Hollande.

Races. La population des îles britanniques est principalement issue du mélange de *deux familles* :

La famille *germanique* (Anglo-Saxons, Danois, Normands) qui peuple l'Angleterre, les Lowlands (Écosse) et Irlande orientale. — La famille *celtique* (Welches ou Gallois, Pictes et Scots, Irlandais) dont les représentants moins nombreux habitent le pays de Galles, les Highlands (Écosse) et l'Irlande occidentale.

D'où le proverbe anglais : « Un Breton, un Saxon, un Danois et un Français font un Anglais. »

Religions.

1° Le **Protestantisme** qui est la religion dominante. Il se divise en un grand nombre de sectes dont les deux principales sont le *Culte anglican* et le *Presbytérianisme*. Le 1er établi en 1534 par Henri VIII et organisé en 1562 par Élisabeth est la religion officielle de l'Angleterre ; le 2e est répandu surtout en Écosse.

2° Le **Catholicisme**. On compte 5 à 6 millions de catholiques, surtout en Irlande.

Les Montagues. On peut distinguer **trois groupes** renfermant chacun **plusieurs systèmes** distincts.

- **1° Monts d'Écosse.**
  - **1° Au N.-O. Monts Highlands.** Montagnes granitiques, rocheuses et nues, coupées en tous sens par un nombre considérable de petites vallées longues, profondes et étroites. — Elles ont pour sommet culminant le *Ben-Wyvis* (1200 m.).
  - **2° Les Monts Grampians.** Ils couvrent de leur masse toute l'Écosse centrale. Sauvages, âpres, déserts, ils renferment le sommet le plus élevé de tout l'archipel britannique : le *Ben-Nevis* (1343 m.), situé près de la rive d'un firth au fond duquel commence le fameux *Canal Calédonien*. Ce canal suit le *Glen More*, dépression profonde qui sépare les Grampians du massif des Highlands.
  - **3° Les Cheviots.** Situés au Sud sur la frontière anglaise. — Le plus élevé de leurs sommets dépasse à peine 800 m. : c'est le *Harlfell* (810 m.).
- **2° Montagnes d'Angleterre.**
  - **1° Monts du Cumberland.** Situés sur les côtes de la mer d'Irlande, ils sont aussi appelés *Monts Pennines*. Leur hauteur moyenne est de 500 m. — Un de leurs principaux sommets, le *Scawfell* atteint 984 m. — Ils sont riches en mines de houille, de fer et de plomb.
  - **2° Monts du Pays de Galles.** Massif très accidenté et pittoresque que ses vallées étroites et sauvages, ses nombreux cours d'eau, ses lacs et ses cascades ont fait surnommer la *Suisse anglaise*. — Sommet culminant : le *Snowdon* (1088 m.). — Mines de houille, de fer, de plomb et de cuivre.
  - **3° Monts Devoniens et de Cornouailles.** Hautes collines granitiques (600 m.) déchirées par de petites vallées et des ravins et habitées par une population de mineurs, de pêcheurs et de marins. Leur richesse est dans le plomb, l'étain, le cuivre et la terre à porcelaine. — A l'Est de ces montagnes s'étendent parallèlement à la côte les *Collines de Kent* (North Downs et South Downs).
- **3° Montagnes d'Irlande.** Plaine humide et semée de nombreux lacs, l'Irlande est un pays de prairies, de marais et de champs de tourbes. Pas de montagnes au centre où l'altitude dépasse rarement 100 mètres : les montagnes se groupent sur les côtes où elles constituent plusieurs groupes entièrement isolés : d'où le nom de *Devil-Stones*.

  Le groupe le plus élevé est au S.-O. : ce sont les *Monts de Kerry* dont le point culminant atteint 1040 m. A l'Est, les *Monts Lugnaquilla* (925 m.) ; au Nord, les *Monts de Donegal, d'Antrim, de Londonderry* et les *Monts Mourne* qui se terminent à pic sur la mer ; à l'Ouest, les *Monts de Connemara*, au nord de la baie de Galway.

En résumé, l'Angleterre est un *pays de plaines et de coteaux*, l'Écosse et le Pays de Galles sont des *pays de montagnes*, l'Irlande, *plate au centre*, est *accidentée sur les bords*.

Les Eaux.

- **1° En Écosse.**
  - 1° Versant Mer du Nord : 1° *La Dee*. 2° **Le Tay**. 3° *Le Forth*. 4° *La Tweed*
  - 2° Versant Atlantiq. : **La Clyde**.
- **2° En Angleterre.**
  - 1° Versant de la Mer du Nord : 1° *La Tyne*. 2° **L'Humber** Formé par la réunion de la *R. Ouse* grossie de l'*Aire* et de la *Trent*. 3° *La Witham*. 4° *La G. Ouse*. 5° **La Tamise**
  - 2° Vt de l'Atlant. et Mer d'Irlande : 1° **La Severn** (D. La Wye. G. L'Avon N. L'Avon S.) 2° *La Dee*. 3° *La Mersey*.
- **3° En Irlande.**
  - Au Nord : 1° *La Foyle*.
  - A l'Est. : 2° *La Boyne*. 3° *La Liffey*.
  - Au Sud : 4° *La Barrow*. 5° *La Suir*. 6° *La Blackwater*
  - A l'Ouest : 7° **Le Shannon**.

1° Royaume-Uni de Grande-Bretagne et d'Irlande (Suite).

Les fleuves d'Écosse.

La Dee débouche à *Aberdeen*. — *Le Tay* (155 k.) Malgré le peu d'étendue de son bassin, il ne le cède, dans tout l'archipel, qu'au Shannon pour le volume de ses eaux. Il finit à *Perth*.

Le Forth, qui se termine comme le précédent, par un grand estuaire, passe à *Leith*, port d'Edimbourg.

La Tweed (160 k.) Sert en partie de limite entre l'Écosse et l'Angleterre.

La Clyde (120 k.) Descendue du Hartfell, elle est renommée pour les paysages de sa haute vallée, ses cascades, le commerce et les chantiers de construction de son estuaire. Elle passe à *Glasgow* et à *Greenock*.

Lacs. — L'Écosse est justement célèbre par ses nombreux lacs. Le plus beau est le *Lomond* (11,000 à 12,000 h.). Il est voisin de l'estuaire de la Clyde dans lequel il se verse par la rivière Leven.

Les fleuves d'Angleterre

La Tyne. Elle parcourt un district fameux par ses houillères. *Newcastle* et *Tynemouth*.

L'Humber (50 k.). N'est qu'un long et large estuaire sur lequel sont *Hull* et *Grimsby*. — Des trois rivières qui le forment l'*Ouse* passe à *York*, l'*Aire* à *Leeds*, le *Trent* à *Stoke* et *Nottingham*.

Le Witham et la *Grande Ouse* se jettent tous deux dans le Wash, la 1re passe à *Lincoln*, la 2e à *Buckingham, Bedford, Huntingdon* et reçoit la *Cam* qui arrose *Cambridge*.

La Tamise ou Thames 350 k. — Est le fleuve le plus important et le plus célèbre des Iles Britanniques. Née sous le nom d'Isis, elle baigne *Oxford*.

Définitivement constituée par la réunion de quatre petits cours d'eau, elle arrose *Windsor*, *Londres*, *Greenwich* et *Woolwich*. Large de 500 m. à Londres, elle a 7 kil. à son embouchure. La marée remonte jusqu'à Londres où peuvent arriver les bâtiments de 800 tonneaux.

La Severn 320 k. — Descend des Monts de Galles, arrose en décrivant un demi-cercle, une vallée fertile et de riches prairies, traverse *Worcester* et *Glocester* et se jette par une large embouchure dans le canal de Bristol. De ses affluents, la Wye passe à *Monmouth*, l'Avon du Nord à *Warwick*, l'Avon du Sud à *Bath* et à *Bristol*.

La Dee passe à *Chester* et finit dans la Mer d'Irlande.

La Mersey se jette dans la même mer au-dessous de *Liverpool* et reçoit un petit affluent l'Irwell qui passe à *Manchester*.

Les fleuves d'Irlande.

La Foyle passe à *Londonderry*. — La *Boyne* rappelle la bataille de 1690. — La *Liffey* et le *Suir* ont à leur embouchure l'une *Dublin*, l'autre *Waterford*.

Le **Shannon** 310 k. Grand cours d'eau qui traverse plusieurs lacs (lough Ree, lough Derg) dans une contrée généralement marécageuse et finit à *Limerick* par un large estuaire.

Géographie historique.

Connue par les anciens sous le nom de *Britannia*, la Grande-Bretagne était habitée par des populations de race celtique qui désignées sous le nom collectif des *Bretons*, portaient les noms particuliers de *Cambriens* à l'Ouest et de *Logriens* à l'Est. Elle fut conquise par le général romain Agricola, sous le règne de l'empereur Domitien, mais la partie septentrionale de l'île, l'Écosse moderne (*Alben* ou pays des montagnes; *Caledonia* ou pays des forêts), occupée par des peuplades barbares les *Pictes* (en latin picti, peints) et les *Scots* (d'où le nom d'Écosse) échappa à la domination romaine. Il en fut de même de l'Irlande (*Erin*, l'île verte; en latin *Hibernia*) qui resta indépendante.

La Grande-Bretagne fut envahie au Ve siècle par des peuples d'origine germanique, les *Saxons* et les *Angles* (d'où le nom d'Angleterre) qui refoulèrent les Bretons dans les districts montagneux de l'Ouest et fondèrent sept royaumes (heptarchie).

Formation territoriale.

A l'invasion saxonne en succédèrent deux autres: celle des *Danois* qui s'emparèrent du pays à deux reprises, et celle des *Normands français*. Ces derniers commandés par Guillaume le Conquérant soumirent l'Angleterre à une nouvelle domination qui devait être la dernière (1066). L'Irlande, le pays de Galles, et l'Écosse furent successivement réunis au royaume Anglo-Normand qui ne se composa d'abord que de l'Angleterre: l'*Irlande* en 1172 par Henri II; le pays de *Galles* en 1282 par Édouard Ier; l'*Écosse* en 1603 par l'avènement au trône de Jacques VI roi d'Écosse qui prit le nom de Jacques Ier. L'Écosse conserva cependant une administration et un parlement séparés jusqu'en 1707; c'est depuis cette époque que le royaume a pris le nom de *Grande-Bretagne* et c'est depuis la suppression du parlement irlandais en 1800 qu'il porte celui de *Royaume-Uni*.

Divisions politiques.

Le Royaume-Uni est divisé en 117 *comtés*. La plupart portent le nom de leur capitale. — Le *comté* (county ou shire) est divisé en *hundreds* et subdivisé en *paroisses*. Il est administré par le *lord-lieutenant* dont les fonctions sont à peu près honorifiques, par le *shérif*, magistrat civil nommé chaque année par la couronne et chargé du maintien de la paix publique et par les *juges de paix*. Les comtés se répartissent de la manière suivante:

1° *Angleterre*. — 40 comtés dont 20 intérieurs et 20 maritimes.

2° *Pays de Galles*. — 12 comtés.

3° *Écosse*. — 32 comtés y compris les Orcades et les Shetland qui forment un seul comté. On les répartit en deux groupes: les *Highlands* ou hautes terres et les *Lowlands* ou basses terres.

4° *Irlande*. — 33 comtés répartis en quatre grandes provinces: *Ulster* au Nord; *Leinster* à l'Est; *Munster* au Sud; *Connaught* à l'Ouest.

Gouvernement

Royauté constitutionnelle depuis 1689. Le trône est héréditaire même pour les femmes. La souveraine régnante a ajouté en 1876 à son titre royal celui d'*Impératrice des Indes*.

Pouvoir exécutif. — Il appartient au souverain et à ses ministres au nombre de 15.

Pouvoir législatif. — *Le Parlement*:
- 1° *Chambres des Lords* ou chambre haute dont les sièges sont héréditaires.
- 2° *Chambres des Communes* ou chambre basse dont les membres sont élus pour 7 ans.

Principales villes du Royaume-Uni. — L'Angleterre.

La capitale.

Londres (London). 3,489,000 h. — *La plus grande ville de l'Europe*, la plus peuplée, la plus commerçante et l'une des plus riches de l'univers. Elle a dans ses 400,000 demeures, plus d'habitants que la Hollande et le Portugal, autant que la Suède et sa superficie est cinq fois celle de Paris. On l'a justement appelée « une province couverte de maisons. »

Elle comprend, outre la banlieue, quatre grandes sections: sur la rive droite du fleuve, *Southwark*, la ville neuve, le quartier de l'industrie, le siège des fabriques; sur la rive gauche, *Westminster* et *West-End*, la résidence de la cour, du parlement et de l'aristocratie avec les palais, les musées et les jardins; la *Cité*, le quartier du commerce intérieur, de la banque, les établissements financiers; *East-End*, le quartier du commerce maritime, des chantiers et des docks.

Londres possède de belles rues droites et larges, de nombreux squares et de magnifiques promenades (Hyde Park, Belgrave-Square, Regent Park, etc.) de beaux édifices. Le plus ancien est la *Tour*, bâtie par Guillaume le Conquérant et dont l'histoire est celle des crimes royaux. Ancienne forteresse royale, devenue plus tard prison d'État, elle est aujourd'hui un arsenal, un musée d'armes et d'instruments de torture; l'abbaye de *Westminster* est à la fois le St-Denis et le Panthéon de l'Angleterre; l'église *St-Paul* est de tous les monuments de Londres, le plus superbe d'aspect; les palais royaux de *St-James* et de *Buckingham*, la *Bourse*, etc. — Grande cité industrielle, Londres est la première ville du monde comme *marché de capitaux* et par le *mouvement des échanges* et *l'importance de sa navigation maritime*. C'est le *marché principal de la terre* pour les thés, les cafés et la plupart des denrées coloniales.

Environs de Londres.

Elle a dans ses environs: au S.-O. sur la Tamise, *Hampton Court*, château royal; au Sud, *Twickenham*, résidence de la famille d'Orléans pendant l'exil; au S.-E., *Chislehurst*, mort de Napoléon III. — A l'Est, *Greenwich*, célèbre par son observatoire royal; *Woolwich*, avec son arsenal et son école militaire; le port de *Gravesend*, la place forte de *Sheerness* sont échelonnés sur la Tamise et servent d'avant-ports à Londres.

Villes industrielles.

La Grande-Bretagne, riche par son agriculture (céréales, pommes de terre, orge, houblon, cultures industrielles, *prairies naturelles* et *artificielles*), par *l'élève du bétail* (bœuf de Durham, chevaux d'York et de Lincoln, moutons de Dishley, porcs de Suffolk et d'Essex) occupe le premier rang dans le monde par *l'activité de son industrie*.

Les principales villes du Royaume-Uni.

Les villes industrielles

La Grande-Bretagne doit principalement le développement de son industrie à sa *richesse minérale* qui est sans rivale; elle possède des *mines inépuisables de fer;* des gisements considérables de *cuivre*, de *plomb* et *d'étain;* des *houillères* (Pays de Galles, Northumberland, comtés d'York et de Lancastre) qui produisent annuellement près de 140 millions de tonnes métriques soit *trois fois* autant que celles de l'Allemagne et huit fois plus que la France. Elle renferme par suite d'importantes villes industrielles.

- **1° Industrie du coton.**
  - **Manchester**, y compris *Salford* dont elle n'est séparée que par l'Irwell. — 520,000 h. — (Comté Lancastre). Immense agglomération de filatures et d'usines, justement appelée la *métropole du coton*. — Dans le même comté et pratiquant aussi l'industrie du coton, la plus florissante des industries anglaises, sont *Bolton*, *Preston*, etc.
- **2° La laine.**
  - **Leeds.** — 300,000 h., Sur l'Aire (Yorkshire). — *Bradford* 180,000 h. Dépendance de Leeds. — *Leicester*. 120,000 h. Capitale du comté du même; bonneterie (bas et gants de laine). — *Halifax*.
- **3° La soie.**
  - *Coventry*, dans le Comté de Warwick.
- **4° Industries métallurgiques.**
  - **Merthyr-Tydwill.** — Dans le pays de Galles, avec ses *forges gigantesques*, est un des grands centres de métallurgie de l'Europe. — *Wolverhampton* de la Comté de Stafford.
  - **Birmingham.** — 378,000 h. — (Worcester). — Métropole de l'industrie du fer par ses fonderies, ses fabriques d'armes, de machines et de quincaillerie.
  - **Sheffield.** — 285,000 h. — (York) Métropole de la coutellerie.
- **5° Pour les** *industries céramiques* (faïences, porcelaines) *Stoke upon Trent* 135,000 h. (Stafford).
- **6° Autres industries.**
  - *Papeteries* du Comté de Kent, *tanneries* de Nottingham, *huileries et savonneries* de Liverpool, *librairie* et *imprimerie* de Londres, les *constructions navales* si actives dans tous les ports, les *salaisons* (jambons d'York) les *fromages* de Chester, les *distilleries* d'alcool et les *brasseries* dans tous les grands centres de population.

Principaux ports.

- **Ports de 1er ordre.**
  - **Londres.** — Sur la Tamise, à 73 k. de la mer. — 1er *port pour l'importation*. — Les compagnies de navigation la mettent en relations régulières avec tous les ports et toutes les mers, mais elle commerce surtout avec *l'Europe et l'Orient;* aussi les *céréales*, les *vins et eaux-de-vie*, le *thé* sont-elles les principales marchandises qu'elle importe.
  - **Liverpool.** — Sur la Mersey, à 7 k. de la mer. — 1er *port pour l'exportation*. — Débouché du comté de Lancastre, le plus industriel et le plus peuplé, il exporte presque autant de marchandises que tous les autres ports réunis et est celui qui exporte la majeure partie des *cotonnades*. — Il entretient ses relations les plus fréquentes avec *les Indes, l'Amérique* et *l'Australie* et est en communication régulière avec tous les ports du globe.
  - **Southampton.** — Sur la Manche. — Est *l'avant port de Londres* dont il reçoit le trop plein du commerce maritime.
- **Ports de 2me ordre.**
  - *Hull* et *Grimsby*. — A l'embouchure de l'Humber. — Centres des relations avec le *Nord de l'Europe*.
  - *Bristol*. — Sur l'Avon. — A ses relations avec *l'Espagne, le Portugal* et *les Antilles*.
  - *Newcastle*. — Sur la Tyne. — *Un des entrepôts les plus considérables* de l'Angleterre pour les marchandises tirées de l'Europe Septentrionale.
- **Ports charbonniers.**
  - *White Haven*. — Sur la mer d'Irlande. — Débouché des houillères du Cumberland.
  - *Cardiff* et *Swansea*. — Sur le canal de Bristol. — » » du Pays de Galles.
  - *Newcastle* (140,000 h.), *Hartlepool, Sunderland*. — Sur la mer du Nord. — » » du Northumberland.
- **Ports de guerre.**
  - *Portsmouth*. — (125,000 h.). — Sur la Manche. — 1er port de guerre.
  - *Plymouth*. — (118,000 h.). — » » — 2e port de guerre.
- **Ports de communication spéciale avec la France.**
  - *Douvres* (Dover). — Comté de Kent. — Est en relations journalières avec *Calais*.
  - *Folkestone*. — » » » » *Boulogne*.
  - *New Haven*. Comté de Sussex. — » » » *Dieppe*.
  - *Southampton* et *Little-Hampton*. — » — » » » *Le Havre* et *Honfleur*.
  - *St-Hélier*. — Dans l'île de Jersey. — » » » *St-Malo* et *Granville*.

Autres villes remarquables et lieux historiques.

- **Comtés de l'Est.**
  - *Cambridge*. Sur la Cam. — Célèbre par son université. — *Yarmouth*. — Port de pêche. — Patrie de Nelson.
  - *Lincoln*. Sur le Witham. — Ancienne capitale du royaume de Mercie. — Défaite de Louis VIII en 1217.
- **Comtés du Sud.**
  - *Cantorbéry*. Métropole de l'Eglise anglicane. — Assassinat de Thomas Becket en 1170.
  - *Epsom*. Eaux minérales; courses de chevaux. — *Sydenham*. — Palais de cristal. — Exposition universelle de 1851.
  - *Hastings*. Victoire de Guillaume le Conquérant en 1066. — *Chichester*. — Ancienne capitale du Royaume de Sussex.
  - *Bath*. Sur l'Avon. — Eaux minérales renommées. — *Wellington*. — Château et monument de Wellington.
- **Comtés de l'Ouest.**
  - *Monmouth*. Sur la Wye. — Rappelle le duc du même nom, fils naturel de Charles II.
  - *Glocester*. Sur la Severn. — *Tewkesbury*. — Défaite de Marguerite d'Anjou en 1471.
- **Comtés du Nord.**
  - *York*. Sur l'Ouse. — 1re ville de la Grande-Bretagne à l'époque romaine. — Son comté est le plus vaste de l'Angleterre.
  - *Wakefield*. Victoire de Marguerite d'Anjou en 1460. *Towton*. — Défaite en 1461. — *Marston-Moor*. — Défaite de Charles Ier en 1644.
  - *Lancastre*. Berceau d'une famille royale. — Son comté est le plus industrieux et le plus peuplé.
- **Comtés du centre.**
  - *Worcester*. Sur la Severn. — Défaite de Charles II par Cromwell 1651. — *Warwick*. — Ancien château des comtes de Warwick.
  - *Stratford-up-Avon*. — Patrie de Shakespeare. — *Nottingham*. — Sur la Trent. — *Bosworth*. — Défaite Richard III 1485.
  - *Northampton*. Défaite de Henri VI en 1460. — *Naseby*. — Défaite décisive de Charles Ier en 1645.
  - *Fotheringay*. Où fut décapitée Marie Stuart en 1587. — *Huntingdon*. — Patrie de Cromwell.
  - *St-Albans*. Batailles de 1455 et 1461. — *Barnet*. — Défaite des Lancastriens et mort de Warwick 1471.
  - *Buckingham*. Rappelle le célèbre favori de Jacques Ier et de Charles Ier. — *Windsor*. — Château royal bâti par Guillaume Ier.
  - *Oxford*. Sur la Tamise. — Célèbre université. — *Newbury*. — Défaite de Charles Ier en 1643.

2° Les villes d'Ecosse.

- **La capitale.**
  - **Edimbourg.** 225,000 h. — Près du golfe du Forth, elle est située sur une hauteur que couronne l'antique château des rois d'Ecosse et a pour port la ville de *Leith*. Elle est en même temps la vieille ville historique de l'Ecosse et son centre littéraire. Patrie de Walter Scott et de Livingstone.
- **Villes industrielles.**
  - **Glasgow.** 660,000 h. — La 1re ville de l'Ecosse et l'une des plus considérables et des plus florissantes de l'Europe par sa population, son industrie et son commerce. — Forges, hauts fourneaux, manufactures de coton et de lainages, verreries, chantiers de construction maritime *(Greenock)* sans rivaux dans la Grande-Bretagne.
  - *Dundee*. 120,000 h., *Aberdeen* (97,000 h.) et *Perth* sur la Mer du Nord, tissent et filent le lin.
  - *Paisley*. 50,000 h. — Près de Glasgow. — Grande ville manufacturière: gaze, châles et mousselines.
  - *Inverness*. Au débouché du canal Calédonien sur le golfe de Murray.

3° Les villes d'Irlande.

- **Capitale.**
  - **Dublin.** 315,000 h. — A l'embouchure de la Liffey. — Résidence du lieutenant général, gouverneur de l'Irlande. — Elle possède d'importantes fabriques de toiles et de soieries.
- **Autres villes.**
  - *Belfast*. 175,000 h. — Port sur la mer d'Irlande. — Est le centre de l'industrie linière.
  - *Londonderry*. Port sur l'Atlantique. — Rappelle le siège de cette ville par Jacques II.
  - *Galway*. Port sur la baie du même nom. — Comme la plupart des ports de l'Irlande, il vit de la fabrication des toiles ou du commerce du beurre.
  - *Limerick*. A l'embouchure du Shannon.
  - *Cork*. Port superbe et fortifications. — Grandes relations avec l'Amérique.

Résumé.

L'Angleterre renferme *une* 15e *de villes* ayant une population supérieure à cent mille âmes dont *cinq* au-dessus de 300,000: Londres, Liverpool, Manchester, Birmingham et Leeds, c'est-à-dire la capitale, le 2e port, les métropoles du coton, du fer et de la laine. — *L'Ecosse* en compte *trois* et *l'Irlande deux*.

Les Colonies de la Grande-Bretagne.

Superficie et population.	La Grande-Bretagne occupe le 1er *rang en Europe* pour l'étendue et la population de son empire colonial. — Ses possessions et ses colonies en Europe et hors d'Europe ont une superficie de plus de 20 *millions* de kilomètres carrés (20,765,544 k. carrés soit plus de deux fois la superficie de l'Europe) et une population supérieure à 200 *millions* d'habitants (205,044,800 h. soit les deux tiers de celle de notre continent).
Possessions en Europe. 173,000 h.	*Gibraltar.* Au Sud de l'Espagne. *Héligoland.* Dans la mer du Nord. Ile située à l'embouchure de l'Elbe. *Malte.* Capitale La Valette. Ile située dans la Méditéranée, entre la Sicile et l'Afrique.
Colonies en Asie 194,400,000 h.	*Chypre.* Située au Sud de l'Asie-Mineure, cette île a été acquise en 1878 (Traité de Berlin). *Aden.* En Arabie. — *L'Hindoustan.* L'île de *Ceylan.* *Indo-Chine.* Côte occidentale. — *Hong-Kong* en Chine.
En Afrique 2,600,000 h.	Les comptoirs du *Sénégal* et de la *Guinée.* — Les îles *St-Hélène* et de l'*Ascension, Le Cap, Natal,* Ile *Maurice,* les *Amirantes* et les *Seychelles.*
En Amérique 5,100,000 h.	La *Nouvelle-Bretagne* ou Dominion of Canada. — Les *Bermudes,* les *Lucayes,* la *Jamaïque* et la plupart des *Petites-Antilles,* la *Guyane Anglaise.*
En Océanie 2,500,000 h.	*L'Australie,* la *Tasmanie* et la *Nouvelle Zélande.*

2° Le Royaume des Pays-Bas.

Limites.	Le *Royaume des Pays-Bas,* aussi nommé *Royaume de Hollande* de sa province la plus importante et qu'il serait plus rationnel d'appeler Royaume de *Néerlande,* terme hollandais qui a la même signification que le mot français de Pays-Bas, est borné par: 1° Au N. et à l'O. **La Mer du Nord.** Cette mer forme les golfes du *Dollart,* du *Lauwer-Zée* et du *Zuyderzée* ou mer du sud. Ce dernier était autrefois le *lac Flevo*: une irruption de l'Océan l'a mis en communication avec la mer en 1225 et une nouvelle invasion des flots l'a agrandi 60 ans plus tard, en 1285, après avoir coûté la vie à 80,000 personnes. 2° Au Sud. **La Belgique.** 3° A l'Est. **L'Empire d'Allemagne** (Prusse rhénane; Province de Westphalie; Ancien royaume de Hanovre).
Sa nature.	Il se compose de deux parties: Une partie **continentale.** Alluviale à l'Ouest, c'est-à-dire formée d'alluvions, elle est sablonneuse et tourbeuse à l'Est. Une partie **insulaire.** 1° Au Nord. *Une chaîne d'îles* allant du Zuyderzée au Dollart *(Texel, Vlieland, Ter-Schelling,* etc.) 2° Au S.-O. *Le groupe d'îles* situées aux embouchures de la Meuse et de l'Escaut *(Ysselmonde, Woorne, Beyerland, Over Flakkee, Schouwen, Tholen, Walcheren* et *Beveland.*
Superficie.	3,300,000 hectares.
Population, Races, Religion.	3,925,000 habitants, soit 115 h. au kil. carré. La population est par conséquent très dense: la Hollande occupe en effet un des premiers rangs en Europe pour la densité de sa population. Les Hollandais appartiennent à la branche frisonne de la *famille germanique*: ils parlent le *hollandais* et le *flamand.* Les deux tiers de la population sont *calvinistes*; l'autre tiers *catholique* (Limbourg, Brabant, Utrecht). On compte en outre environ 70,000 Juifs.
Configuration.	Ce pays, la contrée la plus plate de l'Europe, est, ainsi que l'indique son nom, une *grande plaine très basse* couverte de prairies et de cultures, défendue par des digues artificielles ou naturelles, parcourue par des routes de briques et coupée par des chenaux de dessèchement et des canaux de grande et de petite navigation. Le littoral est à peine plus haut de quelques centimètres que le niveau de la basse mer et partout au-dessous du niveau de la haute mer.

Les dunes et les digues. — Le sol n'est préservé de l'inondation que par des *dunes* hautes de 10 à 15 mètres ; partout où elles manquent, c'est-à-dire le long des bras de mer intérieurs et des embouchures de la Meuse et de l'Escaut, sur le pourtour du Zuiderzée, il a fallu créer des *digues*. Ces hautes et épaisses murailles seraient toutefois insuffisantes si la mer pouvait pénétrer par l'embouchure des fleuves ; aussi des écluses que l'on n'ouvre qu'à marée basse pour l'écoulement des eaux empêchent-elles la mer de remonter dans le lit du fleuve.

Les polders. — Non-seulement les Hollandais ont repoussé les invasions de la mer : ils ont conquis sur elle des terrains très fertiles. Les dépôts de sable et de vase, qui s'amoncellent en avant de la ligne des digues et y forment assez rapidement une plage, sont endigués, desséchés et deviennent des *polders* c'est-à-dire des terres labourables d'une prodigieuse fertilité. Le polder de Haarlem est une ancienne mer desséchée. Il en sera bientôt de même du Zuiderzée.

Les fleuves.

1° Le Rhin inférieur (Depuis Emmerich jusqu'à la mer.)

En hollandais : *Rijn*.

Au-dessous du fort aujourd'hui démoli de Shenk, il se divise en *deux bras*.

- 1° Le Wahal ou bras du Sud. — Il emporte les deux tiers des eaux, arrose *Nimègue* et va se joindre à la Meuse au fort St-André.
- 2° Le Leck ou bras du Nord.
  Il passe sur les ruines de *Tolhuis* (1672) arrose les villes d'*Arnheim*, de *Vianen* d'où se détache le *Petit Yssel* qui se joint plus bas à la Meuse et s'unit lui-même à ce fleuve au-dessus de Rotterdam. — Il a formé deux dérivations :
  - 1° Au-dessus d'Arnheim l'*Yssel*. — Cette ancienne rivière, que Drusus a unie au Rhin, se jette dans le Zuiderzée après avoir traversé *Deventer* et *Zwolle*.
  - 2° A Duerstædt le *Rhin Courbé*. Autrefois courant principal, aujourd'hui faible cours d'eau, il se partage à *Utrecht* en deux bras.
    - 1° Le *Vieux Rhin* qui passe à *Leyde* et se termine dans la mer du Nord à *Katwick*.
    - 2° Le *Vecht* qui s'achève à *Muyden* où se trouvent d'importantes écluses d'inondation et dérive le canal de l'*Amstel* sur Amsterdam.

2° La Meuse inférieure.

En hollandais : *Maas*.

Elle entre en Hollande au-dessus de *Maestricht*, passe à *Venlo*, à *Grave*, au fort *St-André*, où elle se joint au Wahal et forme l'île de Bommel. A *Gorkum*, point où cette île se termine, elle prend le nom de Wahal, et un peu au-dessous de Gorkum se divise en deux bras.

1° Le bras méridional qui traverse le marais appelé *Bies-Bosch*, passe à *Gertruydenberg* et à *Villemstadt* et se partage en deux bouches que sépare l'île d'Over-Flakké.

2° Le bras septentrional, qui est le plus important. Appelé le *Merwede*, il se divise en deux bras séparés par l'île d'Ysselmonde : la *Vieille Meuse* au Sud qui passe à *Brielle*, port aujourd'hui déchu ; la *Meuse* au Nord qui passe à *Rotterdam* et à *Schiedam* et est aujourd'hui le bras de mer le plus fréquenté par le commerce maritime.

Affluents de la Meuse.
- 1° La *Dommel*. — Elle se jette dans l'île de Bommel et passe à *Bois-le-Duc*.
- 2° Le *Merck*. — Il arrose *Bréda*.

3° Les bouches de l'Escaut.

En hollandais : *Schelde*.

En quittant la Belgique où, déjà très large il vient d'arroser Anvers, il se partage en deux grands bras entre lesquels sont les îles de Beveland et de Walcheren :

1° L'*Escaut oriental* qui passe à *Berg-op-Zoom*.

2° L'*Escaut occidental* ou *Hont* qui baigne *Flessingue*.

2° Le Royaume des Pays-Bas.

Formation territoriale.

- **Antiquité et Moyen-Age.** Les Pays-Bas, habités par les *Frisons* et les *Bataves* (dont le nom se conserve encore dans celui de Betuwe ou de Betawe, la longue île formée par le Leck et le Wahal) faisaient partie de la Gaule. Conquis par les *Romains*, puis par les *Francs*, ils se divisèrent, comme la Belgique, après la chute de l'empire carlovingien, en un grand nombre de fiefs qui relevaient de l'empire Germanique et que la 2me *maison de Bourgogne* parvint à réunir à ses domaines.
- **Temps modernes.** Le mariage de Marie de Bourgogne avec l'archiduc Maximilien les fit entrer dans la *maison d'Autriche*. Charles Quint les laissa en 1555 à son fils Philippe II, mais en 1572 ils secouèrent le joug de l'Espagne et se constituèrent en 1579 en république indépendante sous le nom de *Provinces Unies*. Reconnue par les traités de Westphalie (1648), la nouvelle république devint la 1re puissance maritime et commerçante de l'Europe, mais elle ne tarda pas à voir sa prépondérance menacée par la rivalité de la France et la concurrence de l'Angleterre.
- **Temps contemporains.**
  - 1795. Conquise par Pichegru, général des armées de la république française, elle céda à la France les pays situés sur la rive gauche du Rhin et fut transformée en *République batave*.
  - 1806. Érigée en royaume par Napoléon Ier en faveur de son frère Louis, père de Napoléon III.
  - 1810. Réunie à l'empire français et divisée en neuf départements.
  - 1815. La Hollande et la Belgique forment ensemble le *Royaume des Pays-Bas*.
  - 1830. La perte de la Belgique réduit les Pays-Bas à leurs limites actuelles.

Divisions politiques. Onze provinces réparties en deux groupes.

1° Situées autour du Zuiderzée.		2° Voisines de la Belgique.
1° **Frise.** C. *Leeuwarden.*	5° **Gueldre.** C. *Arnheim.*	1° **Zélande.** C. *Middelbourg.*
2° **Groningue.** C. *Groningue*	6° **Utrecht.** C. *Utrecht.*	2° **Brabant Sal.** C. *Bois-le-Duc*
3° **Drenthe.** C. *Assen.*	7° **Hollande Mle.** C. *La Haye.*	3° **Limbourg.** C. *Maëstricht.*
4° **Over-Yssel.** C. *Zwolle.*	8° **Hollande Sle.** C. *Amsterdam.*	

Gouvernement. Monarchie *constitutionnelle et représentative*. Le trône est héréditaire dans la *maison d'Orange*. Les femmes ne sont pas exclues de la succession au trône, mais ne peuvent régner qu'à défaut d'héritiers mâles.
Pouvoir exécutif. Appartient au *roi*, assisté de huit *ministres* responsables et d'un *conseil d'État*.
Pouvoir législatif. Il est exercé par les *États Généraux* composés de deux chambres : 1re *Chambre* nommée par les États provinciaux ; 2e *Chambre* nommée par des électeurs censitaires.

Villes principales.

La capitale.
- *La Haye.* 107,000 h. En hollandais 's *Gravenhage* (la Haie des comtes). — Ancien rendez-vous de chasse des comtes de Hollande, cette ville élégante et à demi française, que de faibles collines séparent de la mer dont elle n'est éloignée que de 3 k., est aujourd'hui la capitale officielle du Royaume, le siège des États Généraux, la résidence d'un grand nombre de hauts fonctionnaires, de seigneurs et de négociants enrichis. — 3e Ville du royaume par le nombre des habitants. — Rappelle les traités de 1795.

1° Dans la Frise.
- *Leeuwarden.* 26,000 h. — Porte le titre de 2e résidence du royaume. — Renferme le beau palais des princes d'Orange. — Patrie du célèbre ingénieur Cohorn, rival de Vauban. — *Harlingen*: port commerçant sur le Zuiderzée.

2° Groningue.
- *Groningue.* 40,000 h. — Communique par des canaux avec le Dollart, le *Zuiderzée* et la Mer du Nord. — Port très actif dès le 13e siècle, elle est encore aujourd'hui très commerçante. — Possède l'une des quatre Universités du royaume.

3° Drenthe.
- *Assen.* N'est qu'un simple village de 7,500 habitants.

4° Over-Yssel.
- *Zwolle.* 27,000 h. — Très rapprochée de l'Yssel auquel elle est unie par un profond canal. — Ville commerçante.
- *Deventer.* Sur l'Yssel. — Ses brasseries fournissent une bière renommée.

5° Gueldre.
- *Arnheim.* 38,000 h. — Sur le Leck. — Est l'une des villes les plus agréables de la Hollande.
- *Nimègue.* 23,000 h. — Sur le Wahal. — Fut l'une des cités les plus commerçantes de la ligue hanséatique. — Elle a aujourd'hui encore une grande importance par son commerce avec l'Allemagne. — Traité de 1678. — *Tolhuys* : passage du Rhin 1672.

6° Utrecht.
- *Utrecht.* 68,000 h. — 4e cité de la Néerlande par la population, importante par ses fabriques de soieries, de draps et de velours ; son commerce de grains et de bétail. Elle est le centre principal des chemins de fer de la Hollande. — Université. — Hôtel des Monnaies. — Rappelle l'union d'Utrecht en 1579 et le traité de 1713.

7° Hollande Mle.
- *Ryswyck.* Près de la Haye. — Traité de 1697.
- *Leyde.* 41,000 h. Sur le vieux Rhin. — Possède des manufactures très importantes pour la fabrication des draps et des couvertures de laine. — Son université est la 1re du Royaume. — Son jardin botanique est l'un des plus complets d'Europe. — Patrie de Jean de Leyde, Rembrandt. — Dans les environs est le château où résida Descartes.
- *Delft.* Au S.-E. la Haye. — Célèbre par ses faïences. — Assassinat du Taciturne en 1584. — Patrie de Grotius et de Heinsius.
- *Schiedam.* Près de la Meuse, elle est le centre de la fabrication du genièvre et autres liqueurs fortes. (En 1874, 340 distilleries).
- Rotterdam. 136,000 h. — Sur la Meuse. — *Premier port des Pays-Bas*, elle commerce surtout avec les Indes néerlandaises (denrées coloniales) et est le centre de l'exportation des fromages de Hollande.
- *Dordrecht.* Autre port de commerce très actif situé dans une île de la Meuse. — Patrie des frères de Witt et d'Ary Scheffer.

8° Hollande Sle.
- Amsterdam. (320,000 h.). — 1re *ville du royaume et 2e port*. — Construite sur 90 îlots séparés par des canaux et réunis par 300 ponts, ce qui lui vaut quelquefois le surnom de « Venise-du-Nord. » — *Centre industriel actif*, elle possède de nombreuses raffineries de sucre et des fabriques de curaçao et autres liqueurs ; elle partage avec Paris et Anvers le monopole de la taille du diamant. — Elle renferme de célèbres musées et l'une des quatre universités du pays. — Conquise en 1795, elle fut la capitale du royaume français de Hollande. — Patrie de Spinoza.
- *Haarlem.* 36,000 h. — Dispute à Mayence et à Strasbourg la gloire de la découverte de l'imprimerie. — Blanchisseries renommées. — Grand commerce de fleurs (tulipes, jacinthes, jonquilles, lis, etc.).
- *Saardam* ou *Zaandam*. — Célèbre par ses papeteries. — Pierre le Grand y passa quelques jours en 1697 pour y apprendre la construction des vaisseaux. — *Alkmaar*. — Est le plus grand marché des fromages ; elle en vend annuellement de 4 à 5 millions de kilos.
- *Bergen.* Village où le général Brune battit en 1799 les Anglo-Russes qui venaient de débarquer au Helder.
- *Le Helder.* Sur le détroit de Texel. — Place forte reliée à Amsterdam par un canal accessible aux frégates. En 1795, la flotte hollandaise, arrêtée par les glaces, s'y rendit prisonnière à une brigade de l'armée française.

9° Zélande.
- *Middelbourg.* Dans l'île de Walcheren. — *Flessingue*. — Place forte et port sur l'Escaut occidental. — Patrie de l'amiral Ruyter.
- *L'Écluse.* Son port aujourd'hui comblé fut le théâtre de la bataille de 1340.

10° Brabant Sal.
- *Bois le Duc.* Place forte aujourd'hui déclassée sur le Dommel. — Doit son nom à un ancien parc des ducs de Brabant.
- *Berg-op-Zoom.* Jadis place forte, bâtie par le fameux Cohorn, fut souvent assiégée et souvent prise. — Siège de 1747.

11° Limbourg.
- *Maëstricht.* (30,000 h.) Autrefois place très forte plusieurs fois prise par les Français : 1673, 1748, 1794. — Est aujourd'hui importante par son industrie : verre, poteries, papier, étoffes, boissons, etc.

Agriculture, Industrie, Commerce. Le Royaume des Pays-Bas doit sa prospérité à son *agriculture* et à son *commerce* plutôt qu'à son industrie. — Sa richesse caractéristique consiste dans ses magnifiques *prairies naturelles* qui nourrissent un nombreux bétail (1,350,000 bêtes à cornes) : aussi la *fabrication des fromages* est-elle l'industrie nationale du pays. — Les légumes, les fleurs, les arbres fruitiers ont aussi une grande importance. — Sa situation maritime, ses fleuves et ses nombreux canaux ont développé la *navigation* et l'industrie de la *pêche*, surtout celle du hareng, est encore très active.

Province	Ville	Notes
5° **Gueldre.**	*Arnheim.*	38,000 h. — Sur le Lech. — Est l'une des villes les plus agréables de la Hollande.
	Nimègue.	23,000 h. — Sur le Wahal. — Fut l'une des cités les plus commerçantes de la ligne hanséatique. — Elle a aujourd'hui encore une grande importance par son commerce avec l'Allemagne. — Traité de 1678. — *Tolhuys:* passage du Rhin 1672.
6° **Utrecht.**	*Utrecht.*	66,000 h. — 4e cité de la Néerlande par la population; importante par ses fabriques de soieries, de draps et de velours; son commerce de grains et de bétail. Elle est le centre principal des chemins de fer de la Hollande. — Université. — Hôtel des Monnaies. — Rappelle l'union d'Utrecht en 1579 et le traité de 1713.
7° **Hollande M[le]**	*Ryswyck.*	Près de la Haye. — Traité de 1697.
	Leyde. 41,000 h.	Sur le vieux Rhin. — Possède des manufactures très importantes pour la fabrication des draps et des couvertures de laine. — Son université est la 1re du Royaume. — Son jardin botanique est l'un des plus complets d'Europe. — Patrie de Jean de Leyde, Rembrandt. — Dans les environs est le château où résida Descartes.
	Delft.	Au S.-E. la Haye. — Célèbre par ses faïences. — Assasinat du Taciturne en 1584. — Patrie de Grotius et de Heinsius.
	Schiedam.	Près de la Meuse, elle est le centre de la fabrication du genièvre et autres liqueurs fortes. (En 1874, 340 distilleries).
	Rotterdam.	136,000 h. — Sur la Meuse. — *Premier port des Pays-Bas,* elle commerce surtout avec les Indes néerlandaises (denrées coloniales) et est le centre de l'exportation des fromages de Hollande.
	Dordrecht.	Autre port de commerce très actif situé dans une île de la Meuse. — Patrie des frères de Witt et d'Ary Scheffer.
8° **Hollande S[le]**	**Amsterdam.**	(320,000 h.). — 1re *ville du royaume et* 2e *port.* — Construite sur 90 ilots séparés par des canaux et réunis par 300 ponts, ce qui lui vaut quelquefois le surnom de « Venise-du-Nord. » — *Centre industriel actif,* elle possède de nombreuses raffineries de sucre et des fabriques de curaçao et autres liqueurs; elle partage avec Paris et Anvers le monopole de la taille du diamant. — Elle renferme de célèbres musées et l'une des quatre universités du pays. — Conquise en 1795, elle fut la capitale du royaume français de Hollande. — Patrie de Spinoza.
	Haarlem.	36,000 h. — Dispute à Mayence et à Strasbourg la gloire de la découverte de l'imprimerie. — Blanchisseries renommées. — Grand commerce de fleurs (tulipes, jacinthes, jonquilles, lis, etc.).
	Saardam ou *Zaandam.*	Célèbre par ses papeteries. — Pierre le Grand y passa quelques jours en 1697 pour y apprendre la construction des vaisseaux. — *Alkmaar.* — Est le plus grand marché des fromages: elle en vend annuellement de 4 à 5 millions de kilos.
	Bergen.	Village où le général Brune battit en 1799 les Anglo Russes qui venaient de débarquer au Helder.
	Le Helder.	Sur le détroit de Texel. — Place forte reliée à Amsterdam par un canal accessible aux frégates. En 1795, la flotte hollandaise, arrêtée par les glaces, s'y rendit prisonnière à une brigade de l'armée française.
9° **Zélande.**	*Middelbourg.*	Dans l'île de Walcheren. — *Flessingue.* — Place forte et port sur l'Escaut occidental. — Patrie de l'amiral Ruyter.
	L'Ecluse.	Son port aujourd'hui comblé fut le théâtre de la bataille de 1340.
10° **Brabant S[d].**	*Bois le Duc.*	Place forte aujourd'hui déclassée sur le Dommel. — Doit son nom à un ancien parc des ducs de Brabant.
	Berg-op-Zoom.	Jadis place forte, bâtie par le fameux Cohorn, fut souvent assiégée et souvent prise. — Siège de 1747.
11° **Limbourg**	*Maestricht.* (30,000 h.)	Autrefois place très forte plusieurs fois prise par les Français: 1673, 1748, 1794. — Est aujourd'hui importante par son industrie: verre, poteries, papier, étoffes, boissons, etc.

Agriculture, Industrie, Commerce. Le Royaume des Pays-Bas doit sa prospérité à son *agriculture* et à son *commerce* plutôt qu'à son industrie. — Sa richesse caractéristique consiste dans ses magnifiques *prairies naturelles* qui nourrissent un nombreux bétail (1,350,000 bêtes à cornes): aussi la *fabrication des fromages* est-elle l'industrie nationale du pays. — Les légumes, les fleurs, les arbres fruitiers ont aussi une grande importance. — Sa situation maritime, ses fleuves et ses nombreux canaux ont développé la *navigation* et l'industrie de la *pêche,* surtout celle du hareng, est encore très active.

2° Le Royaume des Pays-Bas (Fin).

Colonies hollandaises.

Superficie : 1,713,000 k. carrés. — *Population* : 26 millions d'habitants. — L'empire colonial hollandais vient, pour la population, immédiatement après celui de l'Angleterre. Il comprend :

En Amérique. La *Guyane* hollandaise et quelques petites *Antilles* : Saba, St-Eustache, Curaçao, etc.

En Océanie. Les *Indes Néerlandaises* : c'est-à-dire la plus grande partie de la Malaisie : Sumatra, Java, Célèbes, Bornéo, les Moluques, etc.

Le Grand Duché de Luxembourg.

Superficie : 2,587 k. carrés. — *Population* : 206,000 habitants.

Enclavé entre la Belgique à l'Ouest, la Prusse rhénane à l'Est, l'Alsace-Loraine et la France au Sud, le Grand Duché de Luxembourg, est une *possession personnelle* du roi des Pays-Bas et a une administration complètement distincte de celle du royaume. *Pays boisé et accidenté* par les rameaux des Ardennes, arrosé par la *Moselle* et son affluent la *Sûre*, grossie elle-même de l'*Our* à gauche et de l'*Alzette* à droite, habité par une population catholique dont une partie parle le français et la majorité, l'allemand, il a pour capitale :

Luxembourg (16,000 h.) sur l'Alzette, antrefois place forte de la Confédération germanique. — Ses principales productions sont : les forêts, pâturages, moutons, chèvres, marbres, fer, etc.

3° Le Royaume de Belgique.

Limites.

Nord. Les Pays-Bas. — *Sud.* La France (Meuse, Ardennes, Aisne, Nord).
Est. La Prusse rhénane et le Grand Duché de Luxembourg. — *Ouest.* La Mer du Nord.

Superficie.

2,950,000 hectares, soit 3 millions.

Population, Races, Religion.

5,403,000 habitants, soit 5 millions et demi. — 183 habitants au kil. carré. La Belgique occupe *le premier rang* en Europe pour la densité de la population.

La population de la Belgique appartient à deux races : la *race latine* ou *wallonne* dont la langue est le français ; la race *allemande* ou *flamande* qui parle un dialecte d'origine germanique, le flamand. Ces deux races sont assez exactement séparées par une ligne qui unit le point où la Lys entre en Belgique à celui où la Meuse en sort : au Nord, les *cinq provinces flamandes* (3,000,000 h.) ; au Sud, les *quatre provinces belges* (2,000,000 h.).

Le *Catholicisme* est la religion dominante, bien que les protestants soient nombreux.

Configuration.

La Belgique ne touche à la mer que par un rivage sablonneux de 62 kilomètres. Sur les autres points, sa frontière est continentale et toute conventionnelle. Son plus grand développement est adjacent à la France.

Elle présente deux parties distinctes :

La *Belgique flamande.* — Pays plat, dont le sol généralement fertile est l'un des mieux cultivés et des plus productifs de l'Europe. Cette région bien peuplée, *à la fois agricole et industrielle*, tient tête à l'Angleterre par ses riches cultures (céréales, lin, tabac, colza, houblon), le nombre, l'importance et l'activité de ses usines (toiles, cotonnades, lainages, dentelles).

La *Belgique wallonne.* — Pays légèrement ondulé entre l'Escaut et la Meuse par les collines de Belgique ; très accidenté au Sud de la Meuse. C'est l'*Ardenne* qui est formée de plateaux, hauts quelque fois de cinq cents mètres, couverts de landes, de marais et de bois.

Cette région est surtout agricole (culture pastorale) ; la population y est moins dense, les villes moins nombreuses, les manufactures en général plus rares bien que très importantes (forges, verreries, produits chimiques, armes, machines, etc.) mais le sol est riche en houilles et en fer le long de la Sambre et de la Meuse (Mons, Charleroi, etc.).

Les Eaux.

La Belgique appartient à deux bassins :

1° L'Escaut à l'O.

2° La Meuse à l'E.

- **1° L'Escaut** (Cours moyen et inférieur.)
  Né en France, il entre en Belgique au confluent de la Scarpe et appartient à la Hollande par son embouchure.
  - Villes traversées. — *Tournay, Oudenarde, Gand, Ruppelmonde, Anvers.*
  - Affluents.
    - Rive gauche
      - 1° *La Scarpe.* — Entièrement française.
      - 2° *La Lys.* — Belge par sa rive gauche depuis *Armentières,* et par ses deux rives à partir de *Menin,* elle arrose en Belgique *Courtrai* et *Gand.*
    - Rive droite
      - 1° *L'Haine.* — Traverse *Mons.*
      - 2° *La Dender* » *Ath* et *Alost.*
      - 3° Le *Ruppel* Formé de :
        - 1° *La Néthe.*
        - 2° *La Dyle* Traverse *Louvain, Malines.*
          - G. *La Senne.* Trav. *Bruxelles*
          - D. *La Demer.* » *Hasselt.*

- **2° La Meuse** (Cours moyen)
  Française par son cours sup^r, Hollandaise par son cours inf^r, elle entre en Belgique au-dessous de Givet et en sort au-dessus de Maëstricht.
  - Villes traversées. -- *Dinant, Namur, Seraing, Liège, Herstal.*
  - Affluents.
    - Rive gauche
      - *La Sambre* — Française par son cours supérieur jusqu'à *Erquelines,* elle traverse *Charleroi* et se jette dans la Meuse à *Namur.*
    - Rive droite
      - 1° *La Semoy.* — Traverse *Bouillon.*
      - 2° *L'Ourthe.* — Se jette dans la Meuse à *Liège.* Reçoit la *Vesdre* qui arrose *Verviers.*

Formation territoriale.

La Belgique était une partie de l'ancienne *Gaule-Belgique* à laquelle elle doit son nom. Après la dissolution de l'empire de Charlemagne, elle se divisa, comme la Hollande, en un grand nombre de fiefs, comté de Flandre, duché de Brabant, comté de Hainaut, de Luxembourg, de Namur, etc., qui relevaient les uns du royaume de France, les autres de l'Empire germanique.

Au XVe siècle, ils passèrent dans les mains de la 2e *maison de Bourgogne,* et, par suite du mariage de Marie de Bourgogne, dans celles de l'*Autriche* (1477) puis de l'*Espagne* (1555) qui les garda jusqu'en 1713. Les traités d'Utrecht et de Rastadt (1713-14) les donnèrent à la *branche allemande* de la maison d'Autriche, qui les garda jusqu'à la Révolution française. Conquis par la *France* d'abord en 1792 (Dumouriez) puis en 1794 après la victoire de Jourdan à Fleurus, ils furent cédés à la République française par le traité de Campio-Formio (1797) et divisés en *huit départements.* En 1815, l'Europe les annexa au royaume des Pays-Bas; mais, en 1830, ils s'insurgèrent et se constituèrent sous la maison de Saxe-Cobourg Gotha en un royaume indépendant.

Divisions politiques.

Neuf provinces réparties en trois groupes

1° Provinces voisines de la France.		2° Provinces voisines de la Hollande.	
1° **Flandre occidentale.**	C. *Bruges.*	1° **Liège.**	C. *Liège.*
2° **Hainaut.**	C. *Mons.*	2° **Limbourg Belge.**	C. *Hasselt.*
3° **Namur.**	C. *Namur.*	3° **Anvers.**	C. *Anvers.*
4° **Luxembourg Belge.**	C. *Arlon.*	4° **Flandre orientale.**	C. *Gand.*

3° *Province intérieure.* — **Brabant méridional.** — C. **Bruxelles.**

3° Le Royaume de Belgique (Fin).

Gouvernement
- Monarchie constitutionnelle parlementaire.
- Pouvoir exécutif. — Il est exercé par le *roi* assisté de *huit ministres* responsables.
- Pouvoir législatif. — Deux chambres électives: le *Sénat*, élu pour huit ans, la *Chambre des représentants*, pour quatre.

Villes principales.

La capitale.
- **Bruxelles.** (Brussel) Sur la Senne (885,000 h. y compris les huit faubourgs). — Grande et belle ville qui a conservé de *nombreux monuments* du moyen âge: l'Hôtel-de-Ville, la cathédrale Sainte-Gudule, et beaucoup de maisons du XVe et du XVIe siècle. — Patrie d'*André Vésale*, des peintres *Philippe de Champagne* et *Van der Meulen*, elle est le siège de nombreux *corps savants* et de diverses *académies*: Société de Géographie, observatoire, université, conservatoire. — Son *industrie* est très active et très variée: tissages, filatures, teintureries, machines, librairie, etc. — C'est à Bruxelles que *Charles Quint* abdiqua l'empire en 1555.

1° Flandre occidentale.
- *Bruges.* 48,000 h. — Située à 13 k. de la mer du Nord, elle borde un canal praticable aux plus grands navires. Quatre fois plus peuplée au XVe siècle, époque de sa plus prospère industrie, elle était alors la ville flamande la plus puissante et l'un des marchés les plus fréquentés de l'Europe. — L'industrie des *dentelles* y a encore quelque importance.
- *Ostende.* 17,000 h. — Ville forte et second port de la Belgique. — Huîtres vertes renommées. — Bains de mer très fréquentés.
- *Courtrai.* Sur la *Lys*. (27,000 h.). — Grand marché des *lins* et des *toiles* de la Flandre. — Dentelles. — Rappelle la défaite de la chevalerie française en 1302.
- *Ypres.* S'occupe aussi de la fabrication des dentelles. — Elle eut pour évêque le fameux Jansénius.
- *Furnes.* Victoire du comte d'Artois sur les Flamands (1297). — *Rosebecque.* — Défaite des Flamands en 1382.

2° Province du Hainaut.
- *Mons.* Sur la Haine. (25,000 h.). Entourée naguère d'importantes fortifications, elle doit sa prospérité actuelle à son riche *bassin houiller* (10,698,000 tonnes en 1874). Elle est unie à l'Escaut par le canal de Condé.
- *Charleroi.* Sur la Sambre. (16,000 h.). — Ainsi nommée en l'honneur de Charles II, roi d'Espagne, elle est l'une des deux métropoles de *l'industrie du fer* en Belgique: houillères, forges, verreries, machines.
- *Tournay.* Sur l'Escaut. (32,000 h.). — La ville la plus ancienne de la Belgique, elle a pour industrie principale la *bonneterie* et *les tapis*. — Premier séjour des rois francs, elle rappelle la proclamation de Clovis en 481 et l'assassinat de Sigebert en 575.
- Lieux historiques
  - *Fleurus.* N.-E. de Charleroi. — Batailles de 1690 (Luxembourg) et 1794 (Jourdan).
  - *Senef.* Sur la Senne. — Victoire de Condé sur Guillaume d'Orange en 1674.
  - *Fontenoy.* S.-E. Tournay. — Victoire de Maurice de Saxe en 1745.
  - *Jemappes.* Ouest de Mons. — Victoire de Dumouriez sur les Autrichiens en 1792. — *Steinkerque* Victoire de 1692.

3° Namur.
- *Namur.* Au confluent de la Sambre (26,000 h.). — Place très forte prise par Louis XIV en 1689, et cité industrielle très active: *coutellerie* et *produits chimiques*.
- *Dinant.* Sur la Meuse. — Fait le commerce des marbres qui s'exploitent dans les environs. — Pains d'épice.
- Lieux historiques
  - *Ligny.* — Victoire inutile de Napoléon 1er le 16 Juin 1815.
  - *Philippeville* et *Marienbourg.* — Places fortes ayant appartenu à la France de 1659 à 1815.

4° Luxembourg
- *Arlon.* N'a pas 6,000 h. bien qu'elle soit la capitale du Luxembourg belge.
- *Bouillon.* Place forte sur la Semoy enlevée à la France en 1815. — Rappelle Godefroi de Bouillon.

5° Liège.
- **Liège.** Sur la Meuse, au confluent de l'Ourthe (110,000 h.). — Est l'une des *quatre grandes villes* de la Belgique et l'une des deux métropoles de *l'industrie du fer*. — Houille, fer, zinc, machines, quincaillerie. — Ses principales manufactures sont celles des *armes* qui n'occupent pas moins de 20,000 ouvriers et produisent chaque année 600,000 pièces. — Université. — Patrie du musicien Grétry.

5° Liège. (Fin)
- *Seraing.* 24,300 h. Dans la banlieue de Liège. Possède le *plus grand établissement industriel* de la Belgique et l'un des plus importants du monde. De même que le Creusot et l'usine Krupp, la manufacture de Seraing est une ville de forges et d'ateliers; ses aciéries peuvent laminer jusqu'à 365 tonnes de rails en un seul jour.
- *Verviers.* Sur la Vesdre. — 38,000 h. — Centre de l'industrie des *lainages et des draps*.
- *Spa.* Renommée par ses *eaux minérales* qui y attirent des milliers de malades.
- Lieux historiques
  - *Herstal* (Héristal) et *Landen.* — Anciens domaines de la famille carlovingienne.
  - *Raucoux.* — Victoire du Maréchal de Saxe sur les Impériaux (1746).
  - *Neerwinden.* — Célèbre par les deux batailles qui s'y sont livrées à cent ans de distance: 1693 et 1793.

6° Limbourg
- *Hasselt.* (11,000 h.). — Capitale du Limbourg, province insalubre et marécageuse. — Située sur la Demer.
- *Laufeld.* Près de Maëstricht. — Victoire du Maréchal de Saxe sur les Anglo-Hollandais en 1747.

7° Anvers.
- **Anvers.** (Antwerpen) Sur l'Escaut. — (160,000 h.). Vieille de plus de douze siècles, cette ville est la 2e *cité de la Belgique* par sa population, *la 1re par son commerce, la grande place d'armes* du royaume et le 3e *port de l'Europe* après Hambourg et Marseille. — L'Escaut dont elle borde la rive droite y a 500 mètres de largeur et 15 mètres de profondeur. De ses beaux monuments, le plus fameux est sa cathédrale que décorent des chefs-d'œuvre de Rubens et dont la flèche merveilleuse s'élance à 123 mètres de hauteur. — Patrie des peintres Rubens, Van Dyck et Teniers; du géographe Abraham Ortels. — Siège de 1832 par les Français.
- *Malines.* Sur la Dyle. — 39,000 h. — Ville archiépiscopale. — A été longtemps le centre de la fabrication des *dentelles* (malines).

8° Flandre orientale.
- Gand (Gent) Au confluent de la *Lys* et de l'Escaut. — (130,000 h.). — Occupe 26 îlots réunis par une centaine de ponts. Après avoir été au moyen-âge une des plus grandes villes de l'Europe, elle est encore aujourd'hui la 1re *ville industrielle* de la Belgique et la 3e pour la population. Métropole de l'industrie du *coton*, elle occupe aussi le 1er rang pour la filature et le tissage du *lin*; l'une de ses filatures, celle de la *Lys*, est une des plus vastes de l'Europe. — Belle cathédrale de St-Bavon. Université. — Patrie de Charles-Quint et des Artevelde.
- *Renaix.* A les mêmes industries que Gand. — *Grammont*, sur la Dender. — Dentelles noires.
- *St-Nicolas.* Lainages. — *Oudenarde*, sur l'Escaut. — Défaite des Français en 1708.

8° Brabant méridional.
- **Bruxelles.** (Voir plus haut).
- *Louvain.* Sur la Dyle. — 34,000 h. — Fut autrefois la capitale du Brabant et l'une des cités les plus populeuses et les plus riches de la Belgique. En 1360, elle possédait, dit-on, de trois à quatre mille métiers pour le tissage des draps et sa population s'élevait probablement à 100,000 habitants. — Quoique bien déchue, elle a encore des fabriques importantes: *brasseries, vinaigreries, manufactures d'amidon*. — Elle renferme depuis 1838 une *Université catholique* dont les cours sont fréquentés par près de 1300 élèves.
- *Waterloo.* Défaite de Napoléon (18 Juin 1815). — Est le *champ de bataille* le plus visité de l'Europe avec le château de Hougoumont, le cimetière de Plancenoit, l'auberge de la Belle Alliance, la ferme de la Haie Sainte et le village de Mont St-Jean.
- *Ramillies.* Défaite de Villeroi par Malborough 1706.

Conclusion.

La Belgique dont la *population est la plus dense* de l'Europe, compte parmi les *premières puissances industrielles et commerçantes* du continent. Son *commerce* s'élève en moyenne à 2 milliards et demi et c'est avec la *France* qu'elle entretient ses relations les plus importantes. — De ses nombreuses villes, *quatre* ont une population supérieure à 100,000 h. — La capitale, *Bruxelles*; son grand port de commerce, et sa place de guerre, *Anvers*; la métropole du coton, *Gand* et la métropole du fer, *Liège*.

2° Le Groupe du Centre

Limites

Elle est bornée :

Au Nord. — Par l'*Alsace* et le *Rhin* qui la sépare de l'Allemagne (Bade, Wurttemberg et Bavière).
A l'Est. — Par l'*Empire Austro-Hongrois* (Provinces de Vorarlberg et de Tyrol).
Au Sud. — Par l'*Italie* (Lombardie et Piémont) dont elle est séparée en partie par les Alpes.
A l'Ouest. — Par la *France* (Départements Haute-Savoie, Jura, Doubs) dont la séparent en partie les Alpes, le lac Léman et le Jura.

Superficie.

41,418 kilomètres carrés.

Population. Races, Religion.

Elle s'élève à 2,780,000 habitants. — Soit 67 habitants par kil. carré. Cette population est *très inégalement répartie :* compacte dans les cantons de la plaine (165 hab. au kil. carré dans le canton de Zurich) c'est-à-dire dans la Suisse de l'Aar ou Suisse médiane, elle est très clair-semée dans les parties montagneuses (13 hab. au kil. carré dans le canton des Grisons).

Elle appartient à *quatre races* et à *quatre langues :*

1° *Allemande* (Vallée du Rhin) 7/10. — 2° *Française* (Jura et vallée du Rhône) 640,000 soit 1/4.
3° *Italienne* (Vallée du Tessin) 150,000. — 4° *Romanche* (quelques cantons des Grisons) 45,000.

Elle professe deux *cultes principaux :*

Le *calvinisme* (3/5) ; le *catholicisme* (2/5). La 1re domine dans le nord et l'ouest ; la 2e dans le centre.

Configuration.

Région de hautes chaînes de montagnes dont les prodigieux amas de neige et les vastes glaciers servent de réservoirs aux plus grands fleuves de l'Europe occidentale, de vallées verdoyantes, de lacs nombreux et profonds, de torrents et de rivières, la Suisse comprend *trois régions distinctes* orientées du N.-E. au S.-O.

1° *La région de l'Ouest* ou *région du Jura.* — Plateau long et étroit sillonné par les chaînons parallèles du Jura oriental.

2° *La région du centre* ou *vallée de l'Aar.* — Haute plaine arrosée par l'Aar et ses affluents et comprise entre le Jura et les Alpes.

3° *La région du S.-E.* ou *région des Alpes,* la plus grande des trois. — Haute terre qui supporte une partie du massif des Alpes. C'est la région des montagnes élevées, des glaciers, des torrents, des rivières et des lacs ; c'est aussi celle des pâturages appelés *Alpes* par les montagnards.

Les Montagnes.

La Suisse appartient à *deux systèmes distincts :*

1° Le système du Jura. — Il comprend le *Jura septentrional* et une partie du *Jura central.* — Le *Mont Tendre* (1683 m.) entre le lac Léman et la source du Doubs en est le sommet le plus élevé. Le Jura septentrional couvre de ses chaînons dirigés de l'Est à l'Ouest toute la partie N.-O. de la Suisse, à l'Ouest de l'Aar.

4° Le système Alpestre. — Des *Alpes centrales* ou *Lépontiennes,* comprises entre les massifs du *St-Gothard* (3200) et du *Maloia* (3500) et traversées par les routes ou cols du *St-Gothard,* du *Bernardino,* du *Splugen* et du *Maloia* dont l'altitude est supérieure à 2000 mètres, se détachent *quatre grandes chaînes :*

A l'Est.

1° Les **Alpes Rhétiques** (entre l'Adda et l'Inn). — Elles renferment le *Bernina* (4000 mètres).

2° Les **Alpes Grises** dont se détachent au Mont *Selvretta* les Monts *Rhæticon* à l'Ouest et les Monts de l'*Innthal* à l'Est et qui vont rejoindre la chaîne de la Forêt Noire par les Alpes *Algaviennes* et le plateau peu élevé des *Alpes de Constance.* (Entre l'Inn, le Danube et le Rhin).

A l'Ouest.

3° Les **Alpes Bernoises** (entre l'Aar et le Rhône) et le *Jorat.*
4° Les **Alpes Pennines** (entre le Rhône et le Pô) et les *Alpes du Valais.*
(Voir géogr. de la France).

Principaux contreforts.

1° *Du St-Gothard.*

1° Les *Alpes helvétiques* ou des *Quatre Cantons* (entre l'Aar et la Reuss). Elles renferment le Mont *Titlis* (3,480 m.) et le Mont *Pilate* (2000 m.) situé au bord du lac de Lucerne.

2° Les *Alpes d'Uri et de Glaris* (entre la Reuss et le Rhin). Leur principale élévation est le Mont Tödi (3580) dont se détachent les *Monts Bragel.*

1° La Suisse ou Confédération helvétique.

Les Montagnes (fin).

- **2° Le système alpestre (fin).**
  - **Principaux contreforts (fin).**
    - 1° *St-Gothard*. — Ces monts renferment le *Mt Righi* (1875 m.) très fréquenté des touristes à cause du beau panorama qu'on découvre de son sommet.
    - 2° Séparées des précédentes par le seuil de Sargans (ancien lit du Rhin), les *Alpes de Thurgovie et de St-Gall*, qui couvrent le pays entre le Rhin et la Limmat.
    - 3° *De nombreux contreforts courts, mais élevés* entre les les premiers affluents du Rhin et de l'Aar et les affluents du Pô (Tessin, Adda).

Les Cours d'eau.

La Suisse se répartit inégalement entre *quatre versants :*

- **1° Mer Noire.** — *L'Inn*, affluent du Danube, dont la vallée supérieure porte le nom d'*Engadine*.
- **2° Adriatique.** — *Le Tessin*, affluent du Pô. — Descendu du St-Gothard, il traverse *Bellinzona* et le *lac Majeur* sur les bords duquel est *Locarno* et qui, par sa rive orientale, reçoit les eaux du *lac de Lugano*.
- **3° Mer Méditerranée.** — Le Rhône. — Il traverse la région montagneuse du Valais dans laquelle il arrose *Sion* et *Martigny ;* le *lac de Genève* ou *Léman* qui a sur sa rive septentrionale *Vevey* et *Lausanne; Genève*, à l'endroit où le fleuve sort du lac.
- **4° Versant de la Mer du Nord.**
  - **3° Le Rhin. Cours supérieur c'est-à-dire depuis sa source jusqu'à Bâle.** — Formé par la réunion de plusieurs torrents qui descendent du St-Gothard et du Mont Adula (Alpes centrales) et dont les trois principaux sont le Rhin occidental, le Rhin central et le Rhin oriental, le Rhin, définitivement constitué à *Reichnau*, coule d'abord vers le Nord dans l'étroite et pittoresque vallée des Grisons, traverse *Vaduz* et forme le grand *lac de Constance* ou *Boden See* (véritable lac international qui baigne cinq états : Suisse, Bade, Wurttemberg, Bavière et Autriche). Il en sort, en coulant vers l'Ouest, tombe, en aval de *Schaffouse*, d'une chute de 20 mètres, reçoit avec l'*Aar* presque toutes les eaux des montagnes et des lacs de la Suisse et arrive à *Bâle* où le Jura le contraint à tourner brusquement au nord.
    - *Affluents de droite.*
      - 1° *La Plessur.* — Traverse *Coire*.
      - 2° *La Lanquart.*
      - 3° *L'Ill.* — Rivière entièrement autrichienne.
    - *Affluents de gauche.*
      - 1° *La Thur*
        - Rive droite. — *La Sitter.* — Traverse *Appenzell.*
        - Rive gauche. — *La Murg.* — » *Frauenfeld.*
      - 2° L'Aar. — Il forme les lacs de *Brienz* et de *Thun* entre lesquels sont les deux villes d'*Unterseen* et d'*Interlaken* et traverse *Berne*, *Soleure* et *Aarau*.
        - Affluents de droite.
          - 1° *Le Süren.* — Sort du lac de *Sempach*.
          - 2° *La Reuss.* — Traverse le lac de *Lucerne* ou des *Quatre Cantons* et reçoit les eaux de lacs de *Zug* et de *Morgarten*.
          - 3° *La Limmat.* — Traverse *Glaris* et les lacs de *Wallenstadt* et de *Zurich*.
        - Affluents de gauche.
          - 1° *La Sarine.* — Arrose *Gruyères* et *Fribourg*.
          - 2° *La Thièle.* — Traverse les lacs de *Neufchâtel* et de *Bienne*. — Dans le premier qui a sur ses bords *Granson* tombent l'*Orbe* et la *Broye* qui traverse le lac de *Morat*.

1° La Suisse ou Confédération Helvétique (Fin).

Formation territoriale.

La Suisse, appelée autrefois *Helvétie*, faisait partie de la Gaule. A l'époque des invasions, elle passa successivement sous la domination des Alamans, des Burgondes et des Francs qui la conservèrent jusqu'à l'époque de la chute de l'empire carlovingien. Après la diète de Tribur (887) elle forma sous le nom de *Bourgogne transjurane*, un État indépendant qui fut réuni en 1033 à l'empire d'Allemagne par Conrad II. L'autorité impériale se fit toutefois peu sentir en Helvétie où de nombreuses villes libres se formèrent. Aussi la tentative que firent au 14ᵉ siècle les comtes de Habsbourg, devenus empereurs d'Allemagne, pour soumettre le pays à leur domination par des mesures tyranniques provoqua-t-elle une vive résistance.

Les trois cantons de *Schwytz* (d'où le nom de *Suisse*), d'*Uri* et d'*Unterwalden* s'unirent par la *conjuration du Rütli* (1307) et proclamèrent leur indépendance qu'ils assurèrent par leurs victoires. Cette confédération primitive s'agrandit peu à peu d'un grand nombre de villes : elle comptait au commencement du 16ᵉ siècle treize cantons et fut reconnue par les traités de Westphalie en 1648.

Pendant la Révolution (1798) et sous le Consulat (1803), la France intervint deux fois en Suisse pour modifier sa constitution : elle porta le nombre des cantons à 19. Les traités de 1815, par l'annexion de *Neufchâtel*, du *Valais* et de *Genève*, anciens pays alliés des Suisses et conquis par l'Empire français, complétèrent le nombre des 22 cantons qui existe encore aujourd'hui.

Divisions politiques. Vingt-deux cantons répartis en deux groupes principaux et quatre groupes secondaires.

1° Versant de la Mer du Nord.	1° Arrosés par le Rhin.	1° *Grisons.* — C. Coire. 2° *St-Gall.* — C. St-Gall. 3° *Thurgovie.* — C. Frauenfeld. 4° *Schaffouse.* — C. Schaffouse.	5° *Zurich.* — C. Zurich. 6° *Argovie.* — C. Aarau. 7° *Bâle.* — C. Bâle.
	2° Arrosés par les affluents du Rhin.	1° *Appenzell.* — C. Appenzell. 2° *Glaris.* — C. Glaris. 3° *Schwytz.* — C. Schwytz. 4° *Uri.* — C. Altorf. 5° *Zug.* — C. Zug.	6° *Unterwald.* — C. Stanz. 7° *Lucerne.* — C. Lucerne. 8° *Soleure.* — C. Soleure. 9° *Berne.* — C. Berne. 10° *Fribourg.* — C. Fribourg. 11° *Neufchâtel.* — C. Neufchâtel.
2° Versant Mer Méditerranée.	1° Arrosés par le Rhône.	1° *Valais.* — C. Sion. 2° *Vaud.* — C. Lausanne.	3° *Genève.* — C. Genève.
	2° Par le Tessin.	*Tessin.* — C. Bellinzona, Lucarno, Lugano (A tour de rôle pendant 6 ans).	

Gouvernement.

1° *Pouvoir législatif.* Il appartient à l'*Assemblée fédérale*. Elle comprend :
- 1° *Le Conseil national.* — Ses membres sont nommés pour trois ans à raison d'un député par 20,000 habitants.
- 2° *Le Conseil des États.* — Composé de membres nommés à raison de deux par canton.

2° *Pouvoir exécutif* — *Le Conseil fédéral.* — Composé de sept membres nommés par l'Assemblée fédérale : l'un d'eux est désigné comme *président de la confédération* pour une année seulement.

Villes principales.

La Capitale. Berne. Sur l'Aar. — 36,000 hab. Capitale de la Confédération et du grand canton qui s'étend des Alpes Bernoises au Jura et dont les parties principales sont l'*Emmenthal*, l'*Oberland* ou haut pays, le *Mittelland* ou pays du centre, le *Seeland* ou région des lacs et le *Jura Bernois*. — Bâtie dans un méandre de l'Aar, Berne, renferme, à côté d'hôtels et du Palais modernes, un grand nombre de vieilles maisons qui lui donnent la physionomie d'une ville du moyen-âge.

1° Cantons arrosés par le Rhin.

Coire ou *Chur* (7,500 h.). Sur la Plessur [?]. — *Reichenau.* — Au confluent des deux Rhin. Louis-Philippe y résida pendant son exil.

St-Gall. (16,700 h.). — Toiles et broderies. — *Wildhaus.* — Sur la Thur. — Patrie du *réformateur* Zwingle.

Frauenfeld. (5,100 h.). — Chef-lieu de la Thurgovie. — *Arenenberg.* — Sur le Rhin. — Château longtemps habité par la reine Hortense.

Schaffouse. (10,300 h.). — Sur la rive droite du Rhin. — *Laufen.* — Chute du Rhin.

Zurich. Sur le lac du même nom. — (56,700 h. avec ses faubourgs). — Est la ville principale du N.-E. de la Suisse et l'une des cités les plus importantes de la confédération. — Nombreux *établissements scientifiques* : école polytechnique fédérale, université, instituts médicaux. — Patrie de l'illustre physionomiste Lavater. — Est aussi une ville d'industrie surtout pour les *soieries*, les *cotonnades* et les *métaux*. — Victoire de Masséna sur les Russes en 1799.

Aarau. (5,500 h.). — Instruments de précision. *Habsbourg.* — Berceau de la famille impériale d'Autriche.

Bâle ou Basel. — (44,000 h.) — Est par sa situation sur le coude du Rhin *la porte commerciale* de la Suisse du côté de l'Allemagne, de l'Alsace et de la France du Nord. — Ville d'industrie, de commerce et de banque : l'industrie des *soieries*, des *rubans* et des *produits chimiques* y est très importante. — Elle a été, comme Genève, un lieu de refuge à l'époque de la réforme et l'un des grands foyers de la science : Erasme, Holbein y séjournèrent. — Concile de 1431 pendant le schisme d'Occident. — Traité de 1795 entre la Prusse et la République française.

2° Cantons arrosés par les affluents du Rhin.

Appenzell. (3,700 h.), *Glaris.* (5,500 h.) — Sont, comme Coire et St-Gall, les chefs-lieux de cantons montagneux dans lesquels le pâturage, l'exploitation des forêts, les sources thermales, l'industrie de la *mousseline* et de la *broderie* suppléent à l'insuffisance des richesses agricoles.

Schwytz. (6,200 h.). — Près de la Muotta, rivière fameuse pendant la campagne de 1799. — Chef-lieu d'un des trois cantons fondateurs, elle a ses bestiaux renommés et ses fromages.

Altorf. (2,700 h.). Est un simple bourg comme aux temps légendaires de Guillaume Tell.

Zug. (4,800 h.). — Sur le lac du même nom. — *Morgarten.* — Vict^re des Suisses sur les Autrichiens en 1315.

Stanz. (2,000 h.). — Est située, comme les villes précédentes, dans une région justement célèbre par ses lacs, ses forêts, ses montagnes, ses vallées sauvages et pittoresques.

Lucerne. (14,500 h.). — Près du lac des quatre cantons. — Monument du Lion de Lucerne qui rappelle le 10 août 1792. — Elle attire par la beauté de ses environs un grand nombre de voyageurs pendant la belle saison.

Sempach. (Canton de Lucerne). — Illustrée par une victoire des Suisses sur les Autrichiens en 1386.

Soleure ou Solothurn. — (7,100 h.). — Ville ancienne avec ses tours et ses remparts crénelés.

Fribourg. (11,000 h.). — Située sur la frontière des deux langues allemande et française, elle domine la profonde Sarine que traverse un pont suspendu de près de 300 mètres de longueur. — Traité de 1515 ou paix perpétuelle.

Morat. Sur le bord de son lac et près du fameux champ de bataille de 1476, si fatal à Charles le Téméraire.

Gruyères. Renommée pour ses fromages.

Neufchâtel. (13,300 h.). — Sur le lac de son nom. — *La Chaux-de-Fonds.* — Bâtie près de la frontière française, elle dépasse beaucoup Neufchâtel pour le nombre des habitants (20,000) et l'activité industrielle : *l'horlogerie* y a pris, ainsi que dans les vallées des alentours, une importance exceptionnelle. (4,172 horlogers en 1877). — Ce district fabrique plus de montres que tous les autres pays ensemble ; il est le centre principal de l'horlogerie dans le monde.

3° Arrosés par le Rhône.

Sion. (5,000 h.). — Sur le Rhône. — *Martigny.* — Sur la route du Grand St-Bernard. — *Brieg.* — Sur la belle route du Simplon.

Lausanne. (30,500 h.). — Domine le Léman du haut d'une ravissante colline. — *Granson* (lac Neufchâtel). — Bataille 1476.

Genève. (67,500 h. avec ses faubourgs). — *La plus grande ville* de la Suisse. — Elle occupe une magnifique situation à l'endroit où le Rhône sort, large et bleu, du Léman. — La *bijouterie* et la *fabrication des montres* y ont une grande importance. — Berceau du calvinisme. — Patrie de J.-J. Rousseau, Saussure, Necker, Sismondi, Topfer, Pradier.

4° Tessin.

Lugano. (6,000 h.), *Bellinzona* (2,500) et *Locarno* (2,700). — Chefs-lieux du Tessin. — *Airolo* : à l'entrée du tunnel St-Gothard.

2° L'Empire d'Allemagne.

Limites. Il est borné par :

Au Nord. — *La mer du Nord, le Danemark et la mer Baltique.* — A l'Est. — *La Russie* (provinces polonaises).

Au Sud. — *L'Autriche* (Galicie, Silésie autrichienne, Bohême, Autriche, Salzbourg et Tyrol) et la *Suisse.*

A l'Ouest. — *La France* (Territoire de Belfort, département des Vosges et de Meurthe-et-Moselle), *Luxembourg, Belgique* et *Pays-Bas.*

Côtes.

Côte de la Baltique. — Depuis Memel Jutland. — Rivage bas, d'un accès difficile, bordé de lagunes ou *haff,* séparées de la pleine mer par des flèches sablonneuses ou *nehrungen:* lagune et flèche des *Koures* et des *Frisons;* golfe de *Dantzick;* baies de *Stettin,* de *Lübeck* et de *Kiel.* — Trois grandes îles de *Rügen,* d'*Usedom* et de *Wollin,* à l'embouchure de l'Oder; les deux îles de *Fehmern* et d'*Alsen,* enlevées au Danemark.

Mer du Nord. — Du Jutland jusqu'au Dollart. — Côtes également basses, bordées de dunes et de marécages. — Estuaires de l'*Elbe* et du *Weser,* golfes de *Jade* et du *Dollart.* — Ile *Héligoland* (à l'Angleterre); les îles *danoises et frisonnes.*

Superficie, Population, Races, Religion.

540,630 k. carrés dont 347,500 pour la *Prusse,* l'état principal de l'Empire.

42,755,000 habitants dont 25,700,000 pour la *Prusse.* — Soit 79 habitants par kil. carré. Il occupe le 5e *rang* en Europe pour la densité de la population.

Cette population appartient à *quatre races principales:*

1° Race allemande. — Elle forme les neuf dixièmes de la population.

2° Race *polonaise.* — 2,800,000 habitants. (Prusse orientale, Duché de Posen, Silésie).

3° *Race danoise.* — 150,000 h. (Sleswig-Holstein). — 4° Race *française.* — 220,000 h. (Lorraine).

Deux *cultes* principaux:

Le *protestantisme* 27 millions. — Le *catholicisme* 15 millions. — On compte en outre 500,000 Juifs.

Configuration.

L'Allemagne, par sa configuration générale, se divise en deux parties:

1° Au Nord, la *basse Allemagne.* — Plaine basse, d'une altitude inférieure à 100 mètres, large d'environ 250 à 300 k., qui continue les plaines de la France du Nord, de la Belgique et de la Hollande et va se perdre dans les plaines de la Russie. — Le sol est le plus souvent couvert de bruyères, de landes sablonneuses, de marais et de tourbières.

Sur le littoral de la Baltique, s'étend une suite de *plateaux* d'une hauteur moyenne de 50 à 60 mètres au-dessus de la plaine et couverts d'une innombrable quantité de petits lacs.

2° Au Sud, la *haute Allemagne.* — Elle comprend le bassin du Danube, le bassin supérieur de l'Elbe et de l'Oder et le bassin moyen du Rhin. — Région *montueuse* constituée par des montagnes ou des plateaux hauts en moyenne de 150 à 650 mètres mais atteignant sur quelques points une hauteur plus considérable.

Les Montagnes.

Le massif du *Fichtel-Gebirge* (montagne des pins, des forêts qui la couvrent) situé à l'angle occidental du quadrilatère de Bohême est le vrai nœud orographique du système allemand. Les eaux qui en descendent coulent vers les quatre points cardinaux et *quatre chaînes opposées deux à deux* s'en détachent:

1° Au N.-E. Les Monts Métalliques. — Ces montagnes, désignées sous le nom d'*Erz-Gebirge,* sont en général peu élevées. Couvertes de forêts et de vertes pâturages, elles doivent leur nom aux *nombreuses mines* de leur versant septentrional.

Leur versant méridional est une région de *sources minérales* des plus renommées: Carlsbad, Sedlitz, Pülna, Teplitz, etc.

2° Au S.-E. Les Monts de Bohême, de Moravie et les Sudètes. — Les *Monts de Bohême* ou *Bohmer Wald,* coupés de gorges et de crevasses sont couverts de forêts de hêtres et de chênes sur leurs pentes; de pins et de sapins sur leurs sommets.

Les *Monts de Moravie* sont moins une chaîne de montagnes qu'une triple terrasse de hauteur médiocre.

Les *Sudètes* s'étendent des sources de l'Oder jusqu'au défilé par lequel l'Elbe sort de la Bohême.

Ils atteignent leur plus grande hauteur dans les *Monts des Géants* (Riesen Gebirge) dans lesquels le Riesenkoppe atteint 1500 mètres. — Ces dernières mont. se continuent par les *Monts de Lusace* dont le revers septentrional, très pittoresque, a été surnommé la « Suisse saxonne. »

Les Montagnes (fin).

3° Au N.-O. Les Monts de Franconie. (Frankenwald) — A cette chaîne, qui s'étend du Fichtel Gebirge jusqu'à la source de la Werra, se rattachent *deux chaînes secondaires:*

1° *Les Monts de Thuringe* (Thuringer Wald) auxquels se rallie par de simples collines le massif du *Harz,* région très riche en filons métalliques et ayant pour principal sommet le Mont *Brocken* (1115 mètres).

2° Une suite de hauteurs d'une élévation médiocre entre le Weser et le Rhin: *Rhön Gebirge, Vogels-Berg, Wester-Wald,* ayant pour principal contrefort le *Taunus* qui renferme sur ses dernières pentes (Rheingau) les fameux vignobles du Rhin.

4° Au S.-O. Le Jura allemand et la Forêt Noire. — Le *Jura allemand* s'étend entre les vallées du Neckar, du Mein et du Danube; dans sa partie sud, où il présente des murailles abruptes, il porte le nom d'*Alpes de Souabe* ou *Alpes rudes* (Rauhe Alp) à cause de la sauvage nudité de ses sommets.

La *Forêt Noire* (Schwarz-Wald) longe le Rhin sur sa rive droite, depuis Bâle jusqu'au Neckar, parallèlement aux Vosges auxquelles elle ressemble de tout point. — Au delà du Neckar, elle se continue jusqu'au Mein sous le nom d'*Odenwald.* — De ses sommets à la cime nue et aux flancs revêtus de forêts, le *Feldberg* atteint 1495 m. — Cols du *Val d'enfer,* de *Freudenstadt,* de *Pforzheim.*

A la Forêt Noire se rattachent les *A. de Constance* au sud de la source du Danube.

Les cours d'eau. Ils appartiennent à trois versants.

1° Versant de la Mer Baltique.

1° Le Niemen. — N'est allemand que par son cours inférieur. — Il arrose *Tilsitt.*

2° Le Pregel. — Aboutit aux lagunes du Frisch-haff. — A son embouchure est *Kœnigsberg.*

3° La Vistule (1000 k.) — *Autrichienne* par son cours supérieur, *russe* par son cours moyen, *prussienne* par son cours inférieur, elle décrit une vaste courbe, à travers les plaines de la Pologne, et se jette dans le golfe de Dantzick par plusieurs bouches, dont une seule est navigable. — Traverse *Thorn* et *Dantzick.*

4° L'Oder (940 k.) — Prend sa source en Autriche dans les Sudètes, coule au N.-O. dans la vallée de la Silésie où il arrose *Breslau,* puis dans la plaine de la Basse Allemagne. Il y traverse *Francfort* et, au confluent de la *Wartha* (r. d.) qui passe à *Posen,* se dirige du S. au N. jusqu'à la mer dans laquelle il se jette un peu à l'E. de *Stettin.*

5° La Trave. — Traverse *Lübeck.*

2° Versant de la Mer du Nord.

1° L'Elbe (1100 k.) — Naît en *Bohême* dans les Monts des Géants, y reçoit la *Moldau* et en sort par une gorge étroite (défilé de Schandau). Il coule au N.-O. à travers les plaines de l'Allemagne du nord, baigne *Dresde,* Mühlberg, Wittenberg, *Magdebourg* et *Hambourg* et se jette dans la mer par une large embouchure.

R. D. — Le *Havel.* — Traverse *Spandau* et *Postdam.* — *La Sprée,* — Qui arrose *Bautzen* et *Berlin.*

R. G. — 1° La *Moldau.* — Entièrement autrichienne.
2° La *Mulde.* Dessau. — 3° La *Saale.* — Iéna. — *L'Elster blanc.* — Leipzig.

2° Le Weser (380 k.) — Formé par la réunion de la *Werra* et de la *Fulda* (Cassel), il sort de la région montagneuse par la « porte de Westphalie » reçoit dans la plaine l'Aller et baigne *Brême.*

R. D. — *L'Aller.* — Qui reçoit à g. l'*Ocker* (Brunswick) et la *Leine* (Hanovre).

R. G. — *La Hunte.* — Traverse le Hanovre, la ville et le Grand Duché d'Oldenbourg.

3° L'Ems. — Coule dans une région marécageuse reçoit la *Hase* (Osnabruck) et se jette dans le Dollart.

4° Le Rhin. Cours moyen (De Bâle à Emmerich). — En sortant à Bâle de son bassin supérieur, le Rhin, sous l'influence du Jura, tourne brusquement au N. et coule dans une *belle plaine* qu'il a formée lui-même entre les chaînes parallèles des Vosges et de la Forêt Noire. A partir de son confluent avec le Mein, il s'incline sur le N.-O. et traverse une *vallée pittoresque.* A Bonn, il entre en *plaine;* à Emmerich, dans son *bassin inférieur* et devient *hollandais.*

Les Cours d'eau. (Fin).

- **4° Le Rhin (Fin).**
  - Villes traversées. — *Kehl, Spire, Manheim, Worms*, Mayence, Coblentz, *Bonn*, Cologne, *Dusseldorf, Wesel*.
  - R. D.
    - 1° Le *Neckar*. Stuttgart, Heidelberg.
    - 2° Le Mein. Bayreuth, Würzbourg, Francfort.
    - 3° La *Lahn*. Nassau, Ems.
    - 4° La *Sieg*. 5° La *Ruhr*. 6° La *Lippe*.
  - R. G.
    - 1° L'*Ill*. Mulhouse, Colmar, Schelestadt, Strasbourg.
    - 2° La *Lauter*. Wissembourg. 3° La *Queich*. — Landau. 4° La *Nahe*.
    - 5° La Moselle.
      - Traverse : Metz, Thionville, Trèves.
      - R. D. La *Sarre*. — Sarrebourg, Sarreguemines, Sarrebrück, Sarrelouis.

3° Versant de la Mer du Nord.

- **Le Danube (Donau)** — Cours supérieur. De sa source à Passau.
  - *Second fleuve de l'Europe* par sa longueur, il prend sa source dans la Forêt Noire (Grand Duché de Bade), coule de l'Ouest à l'Est, traverse le Wurttemberg, passe à *Ulm* où il devient navigable et où il entre en Bavière. Il y arrose *Dillingen, Donauwerth* et *Passau* et pénètre en Autriche.
  - R. G. 1° L'*Altmühl*. 2° La *Naab*. 3° Le *Regen*. — Finit à Ratisbonne.
  - R. D.
    - 1° L'*Iller*. Se termine à Ulm après avoir séparé le Wurttemberg de la Bavière.
    - 2° Le *Lech* (200 k.). — Traverse Augsbourg.
    - 3° L'*Isar* (250 k.). — Arrose Munich.
    - 4° L'Inn (400 kil.). — Suisse et Autrichien par son cours supérieur (Inspruk), Bavarois par son cours inférieur, il sort des glaciers du Mont Maloia et se termine à Passau. Son principal affluent de droite, la *Salza*, arrose Salzbourg en Autriche.

Formation territoriale.

Pendant l'antiquité, l'Allemagne était connue sous le nom de *Germanie* : des peuples belliqueux et barbares, Francs, Burgondes, Suèves, Vandales, Lombards, Goths, que les Romains combattirent longtemps, l'habitaient. Au V° siècle de l'ère chrétienne, ces peuples germains, refoulés par les Huns, franchirent le Rhin et le Danube et s'établirent dans l'empire romain pendant que des peuples slaves occupaient les contrées que les émigrants avaient abandonnées à l'est de l'Elbe et des Monts de Bohême.

Les Francs, maîtres de la Gaule, imposèrent leur domination et le christianisme à la Germanie qui fit partie, depuis l'an 800, de l'Empire de Charlemagne et qui forma, au traité de Verdun (843) un État séparé dont les souverains reconstituèrent en leur faveur, un siècle après à Rome, avec Otton Ier, le *Saint-Empire romain* (962).

Cet Empire féodal, composé d'un grand nombre de principautés laïques et ecclésiastiques, passa successivement dans les maisons de Saxe, de Franconie, de Souabe, de Habsbourg, de Luxembourg et se fixa définitivement au XV° siècle (1438) dans la *maison d'Autriche* qui posséda la couronne impériale jusqu'en 1806.

Napoléon Ier, ayant organisé sous son protectorat la *Confédération du Rhin* qui comprenait une grande partie de l'Allemagne, l'empereur François II, échangea son titre contre celui d'*empereur d'Autriche*. Les traités de 1815 ne relevèrent pas l'ancien empire : ils firent de l'Allemagne une Confédération d'une quarantaine d'États gouvernée par une Diète que présidait l'Autriche.

Renversée momentanément en 1848, la *Confédération Germanique* n'a disparu définitivement qu'en 1866. A cette époque, la défaite de l'Autriche par la Prusse fit passer les destinées de l'Allemagne entre les mains de cette dernière puissance qui a reconstitué, à son profit, *l'Empire d'Allemagne* en 1871.

Gouvernement

Empire fédéral constitué par un décret de Versailles en Janvier 1871. — Le titre d'empereur est héréditaire dans la maison royale de Prusse.

Pouvoir exécutif. — Appartient à l'Empereur, assisté du chancelier de l'Empire, seul ministre responsable.

Pouvoir législatif
- Le *Conseil fédéral* (Bundesrath) formé des représentants des différents États.
- La *Diète de l'Empire* (Reichstag) élue par le suffrage universel pour trois années.

Chaque État de l'Empire a en outre son gouvernement particulier : ainsi la Prusse a deux chambres : l'une héréditaire, celle des *seigneurs* ; l'autre élective, celle des *députés*. Le régime constitutionnel est partout en vigueur.

L'Empire d'Allemagne se compose de *vingt-cinq états* qu'on peut répartir en *cinq groupes* ou de *vingt-six*, si l'on considère l'*Alsace-Lorraine* comme un *Pays d'Empire*, bien qu'en réalité elle soit une possession prussienne.

Divisions politiques de l'Empire d'Allemagne.

- **1° Quatre royaumes.**
  - 1° Royaume de *Prusse*. — C. Berlin.
  - 2° » de *Saxe*. — C. Dresde.
  - 3° » de *Bavière*. — C. Munich.
  - 4° » du *Wurttemberg*. — C. Stuttgart.
- **2° Cinq grands duchés.**
  - 1° et 2° G^{ds} D^{és} de *Mecklembourg*: Strélitz. Schwérin.
  - 3° G^{d} Duché d'*Oldenbourg*. C. Oldenbourg.
  - 4° » » de *Hesse-Darmstadt*. — C. Darmstadt.
  - 5° » » de *Bade*. — C. Carlsruhe.
- **3° Six duchés.**
  - 1°, 2°, 3°, 4° *Les Duchés de Saxe*.
    - G^{d} D^{é} de *Saxe-Weimar*.
    - D^{é} de *Saxe-Cobourg-Gotha*.
    - » » *Meiningen*.
    - » » *Altenbourg*.
  - 5° Le Duché de *Brunswick*. — C. Brunswick.
  - 6° Le Duché d'*Anhalt*. — C. Dessau.
- **4° Sept principautés.**
  - 1° et 2° Les *Lippe*: Detmold. Schaumbourg.
  - 3° et 4° Les *Reuss*: Greitz. Schleitz.
  - 5° et 6° Les *Schwarzbourg*: Rudolstadt. Sondershausen.
  - 7° La P^{té} de *Waldeck*. — C. Arolsen.
- **5° Trois villes libres.**
  - 1° *Hambourg*.
  - 2° *Brême*.
  - 3° *Lubeck*.

Divisions politiques du R. de Prusse

Deux groupes :

- **1° Provinces anciennes** — Acquises avant 1815 ou par les traités de 1815.
  - 1° *Prusse*, C. Kœnigsberg. — Formée du duché de Prusse (1525-1617).
  - 2° *Posen*, C. Posen. — Enlevée à la Pologne 1772-1793.
  - 3° *Silésie*, C. Breslau. — Enlevée à l'Autriche (1648-1763).
  - 4° *Poméranie*, C. Stettin. — Enlevée à la Suède 1648-1815.
  - 5° *Brandebourg*, C. Berlin. — Cédé en 1417 à la maison de Hohenzollern.
  - 6° *Saxe*, C. Magdebourg. — Enlevée au Royaume de Saxe en 1815.
  - 7° *Westphalie*, C. Munster. — Formée de divers territoires acquis en 1614 et 1648.
  - 8° *Prusse rhénane*, C. Cologne. — Formée en grande partie des anciens électorats ecclésiastiques 1815.
- **2° Provinces nouvelles** — Acquises depuis 1815 dans *cinq circonstances*.
  - 1° 1850. — La Principauté de *Hohenzollern* (enclavée dans le Wurttemberg).
  - 2° 1854. — Le *Territoire de Jahde*. — Acheté au Grand-Duc d'Oldenbourg pour avoir un port sur la Mer du Nord.
  - 3° 1864, Traité de Vienne. — Duchés de *Slesvig, Holstein* et *Lauenbourg*. — Cédés par le Danemark après la guerre de 1864.
  - 4° 1866, Traité de Prague.
    - 1° Royaume de *Hanovre*.
    - 2° G^{d}-Duché de *Hesse-Cassel*.
    - 3° Duché de *Nassau*.
    - 4° Landgraviat de *Hesse-Hombourg*.
    - 5° Ville libre de *Francfort-sur-Mein*.
    - Occupés après la guerre contre l'Autriche et la confédération germanique.
  - 5° 1871, Traité de Francfort.
    - 1° *Alsace* moins Belfort.
    - 2° *Lorraine Allemande* avec Metz.

Capitale de la Prusse et de l'Empire.

Berlin. (1,000,300 hab. au 1er Janvier 1877). — Bâtie sur la Sprée au milieu de plaines sablonneuses et monotones et formée d'agglomérations successives dont les plus anciennes datent du 13e siècle, Berlin qui n'avait que 6,000 h. en 1685 lorsque s'y réfugièrent les protestants français est aujourd'hui la 3e ville de l'Europe pour la population, l'une des plus *savantes*, (Université, musées, riches bibliothèques, jardin botanique etc.) et l'une des plus *industrieuses*. — Rivale de Leipzig pour le commerce, elle est le plus important *marché de laines* de l'Europe. — Patrie de Mendelssohn et de Meyerbeer.

1° Royaume de Prusse. — 1° Provinces anciennes.

1° Province de Prusse.

Kœnigsberg. 125,000 h. — Vieille ville fortifiée célèbre par son *université* où professèrent, après le philosophe Kant, le plus connu des enfants de Kœnigsberg, tant de maîtres célèbres. — L'électeur Frédéric III s'y proclama roi de Prusse en 1701.

Eylau et Friedland. — Victoires de Napoléon 1er sur les Russes en 1807. — *Tilsitt.* — Sur le Niemen. — Traité de 1807.

Dantzick. 98,000 h. — Près de l'embouchure de la Vistule. — Ancienne cité qui fut l'un des chefs-lieux de la Hanse. — Grand commerce de *céréales*. — Industrie active: *distilleries, raffineries, chantiers de construction*. — N'est plus que le *cinquième* port de l'Allemagne après en avoir été le second. Elle a soutenu en 1807 (Maréchal Lefèvre) et en 1812-13 (Général Rapp) deux sièges fameux.

Thorn. Place forte sur la Vistule, au point où ce fleuve entre en Prusse. — Patrie de l'astronome Copernic.

2° Posen.

Posen. Place forte sur la Wartha. — Ancienne capitale du duché de Posen acquis à la suite du triple partage de la Pologne.

3° Silésie.

Breslau. 240,000 h. — Sur l'Oder supérieur. — Grande *cité industrielle* (usines métallurgiques; fabriques de sucre de betteraves; produits chimiques etc.) et *principal marché* de la riche province de Silésie qui y envoie ses laines, ses céréales, ses bestiaux, ses métaux et ses tissus.

Liegnitz. 31,000 h. — Cité fort industrieuse (draps et forges) comme la plupart des villes de Silésie. Victoire de Frédéric II en 1760.

4° Poméranie.

Stettin. 81,000 h. — Sur l'Oder. — 1er *port de la Prusse.* — Place forte et arsenal. — Patrie de la czarine Catherine II.

Swinemünde. — Dans l'île d'Usedom, est l'avant port de Stettin.

Stralsund. Ville forte bâtie au bord du détroit qui sépare l'île de Rugen de la Poméranie, elle est une des places de guerre qui ont été le plus fréquemment disputées.

5° Brandebourg

Postdam. 45,000 h. — Sur le Havel, capitale officielle du Brandebourg. — *Résidence d'été* du roi de Prusse, elle est, à cause de ses grands parcs, de ses châteaux et de ses œuvres d'art, regardée comme le Versailles de la Prusse. — Patrie des deux frères de Humboldt.

Spandau. Place forte située au confluent du Havel et de la Sprée, elle est la *citadelle de Berlin*. — Fabriques de fusils, poudre, capsules, etc.

Francfort-sur-l'Oder. — Est le port de Berlin sur l'Oder moyen. — Renommé pour ses foires considérables.

Custrin. Au confluent de la Wartha, elle est, après Posen, la ville militaire qui couvre Berlin du côté de l'Orient.

Zorndorf et *Kunersdorf.* — A l'E. de ces deux dernières villes. Ils rappellent le 1er une victoire, le 2e une défaite de Frédéric II (1758-59)

6° Saxe.

Magdebourg. 123,000 h. — Située sur l'Elbe et sur la voie directe qui mène de Cologne à Berlin et à Dantzick, elle est la *forteresse centrale* de l'Empire. — Grand entrepôt de céréales, de betteraves, elle est pour l'Allemagne le principal *marché des sucres*. — Patrie d'Otto Guéricke, l'inventeur de la machine pneumatique.

Wittemberg. Ancienne résidence des électeurs de Saxe, elle devint fameuse par son Université. Luther y brûla publiquement la bulle du pape qui l'excommuniait.

Halle. 61,000 h. — Sur la Saale. Renommée par ses sources de sel, son université et son industrie active; fabriques de wagons; de goudron, de bougies; grandes sucreries. — Patrie de Haendel.

Eisleben. Luther y naquit en 1483. — *Mühlberg.* — Sur l'Elbe. — Victoire de Charles-Quint sur les protestants 1547.

Rosbach. Défaite de Soubise en 1757. — *Lutzen.* — Batailles de 1632 (Gustave Adolphe) et de 1813 (Napoléon 1er).

7° Westphalie.

Munster. 35,000 h. — Rappelle la guerre des anabaptistes en 1534 et la paix de Westphalie 1648.

Minden. Sur le Weser. — Défaite des français en 1759. — *Paderborn.* — Près de la Lippe. *Siegen.* — Sur la Sieg: mines de fer.

8° Province du Rhin.

Cologne. (Cöln) 173,000 h. avec ses faubourgs. — Célèbre au moyen-âge par ses fabriques de draps, elle a encore une *industrie active:* faïenceries, filatures, usines de produits chimiques, eau de Cologne. — Son grand monument est la *cathédrale* ou *Dom* dont la construction reprise après 3 siècles et demi, vient d'être achevée.

Coblentz. 30,000 h. — Au confluent Rhin et Moselle. — Importante place forte dont la citadelle inexpugnable domine le fleuve de 128 mètres. — Centre de l'émigration française pendant la Révolution. — Près de la ville est enseveli Marceau.

Bonn. 26,000 h. — Fameuse comme ville d'université, de bibliothèques, de collections scientifiques. — Patrie de Beethoven.

Dusseldorf. — Patrie de Henri Heine, elle est le port naturel de tout le *district manufacturier* qui l'entoure. Le riche bassin houiller de la Ruhr et celui de la Wupper constituent en effet une des *grandes régions industrielles* de l'Europe. Ses principales villes sont:

Crefeld. A gauche du Rhin. — 63,000 h. — *Velours, soies et rubans.*

Elberfeld. 80,600 h. et **Barmen** 86,500 h. — Double ville qui occupe dans la vallée de la Wupper un espace de 8 k.: *filatures de soie, de coton, de lin;* manufactures de rubans et de cordonnets.

Solingen. 15,000 h. — Dans la même vallée, a pour spécialité la *coutellerie et les armes blanches.*

Essen. 58,000 h. — Dans la vallée de la Ruhr. — *Fameuse usine rivale du Creusot.* — *Canons Krupp.* — Elle emploie 20,000 ouvriers dont 5,000 travaillent dans les mines de fer et de houille appartenant à l'usine.

Wesel. Sur le Rhin, au confluent Lippe, est la place forte qui surveille la Hollande. — Commerce de légumes et de fruits.

Aix-la-Chapelle. (Aachen) — 80,000 h. — Ancienne capitale de l'empire de Charlemagne, elle doit son nom à la chapelle que l'empereur y fit construire. — Traités de 1668 et de 1748. — Cité importante par ses gisements de charbon, ses mines de plomb et de zinc, ses mines métallurgiques, et surtout ses manufactures de *draps* et ses *eaux minérales.*

Trèves. (Trier) 33,000 h. — Sur la Moselle. — *La ville la plus ancienne* de l'Allemagne, elle mérita par sa splendeur le nom de seconde capitale de l'empire romain. — Possède encore les restes de son amphithéâtre où pouvaient se tenir près de 60,000 spectateurs.

Sarrebrück. Sur la Sarre, dans un *très riche bassin houiller* (5,100,000 tonnes en 1875) dont la contenance est évaluée à plus de 40 milliards de tonnes. — Fonderies, verreries; fabriques de machines et de produits chimiques.

2° Provinces nouvelles.

1° Principauté de Hohenzollern.

Cette principauté, enclavée dans le Wurtemberg, est le berceau de la famille royale de Prusse. — Elle a pour capitale:

Sigmaringen. — 2,800 h. sur le Danube.

2° Territoire de la Jahde. — Où la Prusse a creusé le port de *Wilhelmshafen.*

3° Duchés de Schleswig, etc.

Schleswig. 15,000 h. — Groupe ses maisons autour d'un ilôt qui porte le château de *Gottorp*, berceau de la famille de Russie.

Kiel. 37,000 h. — Est le grand port militaire de la Prusse sur la Baltique.

Altona. 84,000 h. — Sur l'Elbe, est l'avant port de Hambourg.

4° Acquisitions de 1866.

1° Royaume de Hanovre.

Hanovre. 107,000 h. — Naguère capitale du royaume, Hanovre, a une certaine importance comme cité industrielle.

Göttingue. 17,000 h. — Située également sur la Leine. — Université renommée fondée au 18e siècle.

Osnabrück. (30,000 h.). — L'une des deux villes où furent signés les traités de Westphalie.

2° Hesse Cassel.

Cassel. (53,000 h.). — Sur la Fulde. — Ancienne capitale du royaume de Westphalie fondé par Napoléon 1er. — Elle a dans ses environs la magnifique résidence de *Wilhelmshohe.*

3° Nassau.

Wiesbaden. Capitale de l'ancien duché de Nassau. — Eaux minérales renommées.

Ems. Sur la Lahn. — Autre ville d'eaux. Une des plus fréquemment nommées dans les annales diplomatiques.

4° H. Hombourg.

Hombourg. Naguère rendez-vous des joueurs du monde entier, elle est encore célèbre par ses bains.

5° Francfort. 103,000 h.

Jadis renommée par ses foires, elle est restée une grande *ville de banque et de commerce.* — Elle fut choisie comme lieu d'élection des empereurs et devint, au milieu du XVe siècle, la ville du couronnement. — Patrie de Gœthe et berceau de la famille de Rothschild.

5° Acquisitions de 1871. Alsace-Lorraine

Sup.: 15,000 k. c.
Pop.: 1,500,000 h.
Cédée par le traité de Francfort (10 Mai 1871).

Ce territoire, arraché à la France en 1871, a le titre de *Pays d'Empire* (Reichsland), avec Strasbourg pour capitale. Il se compose de l'ancien département du Bas-Rhin, de celui du Haut-Rhin moins l'arrondissement de Belfort et d'une partie des départements de la Moselle, de la Meurthe et des Vosges. Il comprend trois districts, subdivisés en cercles: Basse-Alsace, Haute-Alsace, Lorraine allemande.

1° **Basse-Alsace.** — **Strasbourg.** 94,300 h. — Ancienne ville impériale réunie à la France en 1681 et perdue en 1870. — *Cité militaire* de 1er ordre par ses nouveaux ouvrages (12 grands forts sans compter les défenses secondaires qui entourent la ville à 6 et 8 kil.). Magnifique *cathédrale* en grès rouge dont la flèche s'élève à 142 mètres. Eglise St-Thomas. Statues de *Kléber* et de *Gutenberg*. C'est là qu'en 1436 ou 38 se firent les premiers essais pour l'imprimerie en caractères mobiles. Choucroûte, bière, pâtés renommés. Etablissements métallurgiques.

Haguenau. 12,000 h. A dans son voisinage une forêt de pins de 70,000 hectares. — *Saverne.* Ouvre le col du même nom.

Wissembourg. Rappelle les lignes du même nom construites par Villars. 1re défaite des Français en 1870.

Reichshoffen, Wœrth, Frœschwiller. Autres défaites. — *Niederbronn.* Eaux minérales. — *Lauterbourg.* Ancienne ville forte.

Schlestadt. Toiles métalliques. — *Mutzig* et *Klingenthal.* Fabriques d'armes.

2° **Haute-Alsace.** — *Colmar.* 23,800 h. — Ancien chef-lieu du Haut-Rhin. Patrie de Rewbell et des généraux Rapp et Bruat.

Neuf-Brisach. Place fortifiée par Vauban. — *Münster:* indienne et fromages renommés. — *Guebwiller:* tissus et machines.

Ste-Marie-aux-Mines. 11,700 h. — S'occupe du tissage des étoffes en couleurs mêlées et de la teinture.

Mulhouse. 58,500 h. — Capitale *industrielle* de l'Alsace par ses cotons, indiennes et toiles peintes. Autrefois république indépendante, réunie à la France en 1798. Patrie d'Engelmann, introducteur de la lithographie en France (1815).

Huningue. Ancienne place forte sur le Rhin, célèbre par la belle résistance de Barbanègre en 1815. Patrie des généraux Molitor et Ordener.

Altkirch. Sur l'Ill. Connue par ses fabriques de poteries et de tuiles vernissées. — *Thann:* coton, produits chimiques.

3° **Lorraine allemande.** — **Metz.** 47,900 h. — Conquise par Guise en 1552 et livrée par Bazaine en 1870 avec 170,000 hommes. Elle était déjà une *forteresse de 1er ordre:* on l'a transformée en un grand camp retranché de 24 kil. de circonférence. Patrie de Fabert, de Pilâtre de Rozier, de Kellermann.

Thionville. 7,000 h. — Est aussi une place forte d'une grande importance qui ne forme avec Metz qu'un immense camp.

Sarreguemines. Fabriques de faïences. Patrie du peintre Regnault. — *Bitche:* brillante défense en 1870-71.

St-Louis. Cristalleries. — *Château-Salins, Vic, Dieuze.* Dans bassin de la Seille. Sont connues par leurs salines.

Sarrebourg. Patrie des généraux Houchard et Custine. — *Phalsbourg* dont les remparts aujourd'hui démolis défendaient le col de Saverne.

2° Royaume de Saxe

Pop.: 2,700,000 h. En majorité protestants.
—
Ancien électorat érigé en royaume par Napoléon en 1807.

Capitale.

Dresde. 196,000 h. — Un des foyers les plus actifs du mouvement artistique en Allemagne, elle a mérité par ses collections de tableaux et d'objets d'art le surnom de *Florence allemande.* Est aussi importante par son industrie et son commerce. Victoire de Napoléon en 1813.

Villes industrielles.

Leipzig. 135,500 h. — Une des villes *les plus commerçantes* de l'Europe. Renommée par ses grandes foires, son commerce de librairie et son université. Patrie de Leibnitz. Bataille des nations (1813).

Meissen. 13,000 h. — Célèbre manufacture de porcelaine dite de Saxe.

Freyberg. 23,000 h. — Centre du district minier des Monts Métalliques. Célèbre école pratique de mines.

Zwickau. 31,500 h. — Sur la Mulda. Draps et forges.

Chemnitz. 78,200 h. — Une des principales cités industrielles de l'Allemagne: ses tisseurs, ses fabricants et ses imprimeurs d'étoffes lui ont valu le surnom de « *Manchester Saxon.* »

Plauen. 29,000 h. — Enrichie par l'exploitation des houilles et le tissage des mousselines.

Villes historiques.

Pillnitz. Sur l'Elbe. Convention de 1791 entre le roi de Prusse, l'empereur d'Allemagne et le comte d'Artois.

Bautzen. Sur la Sprée. Victoire de Napoléon en 1813 sur les Prussiens et les Russes.

Hubertsbourg. Traité de 1763 entre Frédéric II et Marie Thérèse.

3° Royaume de Bavière.

Pop. 5,000,000 h. En majorité catholiques.
—
Ancien duché, puis électorat érigé en royaume par Napoléon en 1806.

Capitale.

Munich. (München). 215,000 h. — L'un des *centres intellectuels* de l'Allemagne par ses nombreuses constructions modernes, ses riches galeries, ses collections artistiques, son Université et son école polytechnique. Cette ville dont la population a quintuplé depuis 1801 a pris rang parmi les centres d'industrie: de toutes ses industries, la plus importante est la *fabrication de la bière* (20 brasseries en 1876).

Villes industrielles.

Nüremberg. 91,000 h. — Sur la Pegnitz, sous affluent du Mein. Est l'une des grandes villes de l'Allemagne qui ont le mieux gardé leur aspect du moyen-âge. Seconde ville de la Bavière par la population, elle est la *première par ses fabriques:* verreries, horlogerie, quincaillerie, jouets, etc. Patrie d'Albert Dürer.

Augsbourg. 57,000 h. — Ancienne ville de banque et de commerce, elle possède de vastes filatures, les meilleures teintureries de l'Allemagne et est le centre de la *fabrication des draps.* Elle rappelle la confession d'Augsbourg (1530); la ligue d'Augsbourg (1686). Patrie du peintre Holbein.

Würzbourg. 45,000 h. — Sur le Mein. Grandes fabriques pour la construction des machines. Célèbre université.

Bamberg. 27,000 h. — Sur la Regnitz. Bière et industries alimentaires. — *Bayreuth.* 19,000 h. Sur le Mein rouge.

Villes historiques.

Hohenlinden. Victoire de Moreau sur les Autrichiens 1800. — *Eckmühl* et *Abensberg.* Victoires de 1809.

Passau. Sur le Danube. Convention de 1552. — *Ratisbonne* id. Siège de 1809.

Hochstadt. Batailles de 1703 (Villars); 1704 (Malborough); 1800 (Moreau). — *Elchingen.* Victoire de Ney (1805).

Nordlingen. Victoire de Condé et de Turenne 1645. — *Dettingen.* Défaite des français en 1742.

Bavière rhénane.

Située sur la rive gauche du Rhin, au N. de l'Alsace, la Bavière rhénane ou *Palatinat* a pour villes principales:

Spire. La ville la plus célèbre du Palatinat. Diète de 1529 contre laquelle *protestèrent* les réformés.

Landau. Sur la Queich. Place forte qui appartint à la France jusqu'en 1815.

Deux Ponts. Ancien duché.

4° Royaume de Wurttemberg.

Pop.: 1,880,000 h. En majorité protestants.
—
Ancien duché, érigé en royaume par Napoléon en 1806.

Capitale.

Stuttgart. 107,000 h. — Près du Neckar, dans une charmante vallée. Renferme de grands établissements d'instruction publique et de riches collections. Nombreuses fabriques de pianos. Elle a dans ses environs les sources salines et ferrugineuses de *Cannstadt* et l'école d'agriculture renommée de *Hohenheim.*

Autres villes.

Ludwigsbourg. Ville de création tout artificielle, elle est à la fois le Versailles et la place d'armes du royaume.

Tübingen. Université célèbre fondée en 1477 qui eut pour élèves Kepler, Hegel, le poète Uhland.

Reutlingen. Importante par ses manufactures diverses: imprimeries, tanneries, cordonneries.

Marbach. Village où naquit Schiller. — *Hohenstaufen.* Berceau d'une famille impériale (1137-1254).

Heilbronn. Industrie active: sucres de betterave, papeteries, usines métallurgiques, bijouterie.

Esslingen. Expédie de grandes quantités de « champagne » provenant de ses vignobles.

Ulm. 30,000 h. — Sur le Danube. Place forte célèbre par la capitulation de Mack en 1805.

5° Les Grands Duchés.

1° et 2° Les deux Mecklembourg.

Schwérin. 28,000 h. — Capitale du principal des deux grands duchés. Construite près d'un lac.

New-Strélitz. 8,500 h. — Bâtie autour d'un château en forme d'étoile à huit rayons.

Rostock. 34,000 h. — La ville la plus considérable et le port le plus animé du pays. Patrie de Blücher.

Wismar. 14,000 h. — Autre port de la Baltique, est, comme Rostock, le débouché des laines et des céréales.

3° Oldenbourg.

Grand duché enclavé dans le Hanovre et baigné par la mer du Nord, il a pour capitale:

Oldenbourg. 16,000 h. — Située sur l'Hunte, affluent du Weser.

4° Hesse Darmstadt.

Composé de trois parties: l'une entre le Rhin et le Mein; l'autre à gauche du Rhin; la 3e, enclavée dans la Hesse Nassau, il a pour capitale:

Darmstadt. 37,000 h. — Renferme une des plus riches bibliothèques de l'Allemagne. Ecole polytechnique.

Principales Villes de l'Empire d'Allemagne (Fin).

2° Les Grands Duchés.	**4° Hesse Darmstadt.**	**Mayence** (Mainz). 58,000 h. — Une des grandes places fortes du Rhin. Brillamment défendue par les Français en 1793. Centre d'approvisionnement pour les armées, elle possède une immense usine de vivres de campagne pouvant suffire à l'entretien journalier d'une armée de 500,000 h. Patrie de Guttenberg. *Worms*. Sur le Rhin. Diète de 1521 où fut condamné Luther. — *Tribur*. Sur le Rhin. Diète de 887.
	5° Grand Duché de Bade.	*Carlsruhe*. 42,700 h. — Ville moderne et régulièrement construite. Ecole polytechnique renommée (800 élèves.). *Mannheim*. 46,500 h. — La principale ville du pays. Située au confluent du Neckar, elle doit son importance à son industrie et à son commerce actif sur le Rhin. *Fribourg*. 30,500 h. — Dut à sa situation le surnom de « Clef de l'Allemagne. » Prise par Condé et Turenne en 1644. *Pforzheim*. 23,300 h. — Doit sa renommée à sa *bijouterie* à bon marché (8,000 bijoutiers). *Heidelberg*. 22,300 h. — Sur le Neckar: l'une des plus jolies villes de l'Allemagne. Ruines d'un château magnifique. *Constance*. Sur le lac de ce nom: Concile de 1415. — *Baden-Baden*. Eaux minérales célèbres. *Rastadt*. Congrès de 1714 et de 1799. — *Salzbach*. Où fut tué Turenne en 1675.
3° Les Duchés.	**1°, 2°, 3°, 4° Les Duchés de Saxe.**	*Weimar*. 18,000 h. — Fut pendant longtemps le centre de la vie intellectuelle de l'Allemagne: Herder, Wieland, Schiller, Gœthe y composèrent leurs œuvres. *Iéna*. Célèbre par son université et la victoire de Napoléon en 1806. — *Awerstædt*. Victoire de Davoust (1806). *Cobourg*. 14,000 h. — Dominée par une puissante forteresse que l'on considère comme le point central de l'Allemagne. *Gotha*. 23,000 h. — Ville savante. Célèbre institut géographique. Almanach diplomatique qui date de 1704. *Meiningen*. 10,000 h. — Sur la Werra. — *Altenbourg*. 22,000 h. — *Sonneberg*. 7,000 h. — Centre de la fabrication des jouets en bois et autres menus objets connus sous le nom « d'articles de Nuremberg. »
	5° Brunswick.	Enclavé presque entièrement dans le Hanovre et couvert par les ramifications du Hartz. *Brunswick* ou *Braunschweig*, 66,000 h. — Sur l'Oker. Capitale du duché. — *Wolfenbüttel*. Victoire de Guébriant en 1641.
	9° Anhalt.	Enclavé dans la province prussienne de Saxe, il a pour capitale *Dessau*. 20,000 h. sur la Mulde.
4° Les principautés		Des sept principautés de l'Empire, les deux *Reuss* (capitale *Greitz* et *Schleitz*) et les deux *Schwarzbourg* (cap. *Rudolstadt* et *Sondershausen*) sont enclavées au milieu des duchés saxons; les deux *Lippe* (cap. *Detmold* et *Bückebourg*) sont enclavées dans la Westphalie et le Hanovre: celle de *Waldeck* (cap. *Arolsen*) est située entre la Hesse Nassau et la Westphalie.
5° Les Villes libres		**Hambourg**. 348,000 h. — Avec ses faubourgs. — 1er *port de l'Allemagne et du continent*. 2e ville de l'empire par sa population et l'une des plus florissantes et des plus commerçantes de l'Europe. (Valeur de son commerce = 3,251,000 fr.). **Brême**. 102,000 h. — 2e *port de l'Allemagne*. Principal marché des tabacs et grand centre d'émigration pour l'Amérique. *Lubeck*. 42,000 h. — Fut autrefois la ville la plus commerçante de l'Allemagne et le chef-lieu des villes hanséatiques.
Résumé.		L'Empire d'Allemagne est *l'un des grands Etats de l'Europe* par son *étendue* (8e rang), la densité de sa *population* (5e rang), sa *puissance militaire* (le 2e rang avec la France et l'Autriche), son *industrie* (grandes manufactures de draps et de soieries et usines métallurgiques), et son *commerce* (3e rang avec son mouvement d'échanges de 6 milliards, ses 30,000 kil. de chemins de fer, ses 3,500 k. de canaux et sa marine marchande qui jauge à peu près 1,000,000 tonneaux). De ses nombreuses villes, *douze* ont une population supérieure à 100,000 h. — Les *capitales des quatre royaumes*, les deux *principaux ports* (Hambourg et Brême), l'une de ses principales *villes de commerce* (Leipzig), sa grande *forteresse centrale* (Magdebourg), les capitales de deux riches *provinces industrielles* (Cologne et Breslau), la capitale de *l'ancien royaume de Hanovre*, enfin la capitale de la *Prusse orientale* (Kœnigsberg).

3° L'Empire Austro-Hongrois.

Limites. Nord. *L'Allemagne* (Saxe et Prusse) et la *Russie* (Pologne). — Est. La *Russie* et la *Roumanie*.
Sud. La *Roumanie*, la *Serbie*, la *Turquie d'Europe*, le *Monténegro*, l'*Adriatique* et l'*Italie* (Lombardie et Vénétie).
Ouest. La *Suisse* (Grisons et St-Gall) et l'*Allemagne* (Bavière).

Littoral. L'Autriche ne touche qu'à une seule mer, l'*Adriatique*, où elle possède la côte comprise entre l'*Isonzo* et les *bouches de Cattaro* sur 750 kil. de développement. Cette mer forme les golfes de *Quarnero* et de *Trieste*, baigne la presqu'île de l'*Istrie* et une multitude d'îles longues, étroites et parallèles aux montagnes du rivage, l'*archipel illyrien*. — Le rivage escarpé, sinueux, présente les excellents ports de *Trieste, Fiume, Zara, Cattaro.*

Superficie. *62 millions et demi* d'hectares. Il est donc plus grand que la France d'un cinquième.

Population, Races, Religion. *37,500,000 habitants.* Soit 60 hab. au kilomètre carré.

De tous les grands États de l'Europe, l'Autriche est celui qui a le moins d'homogénéité dans les parties dont il se compose. Chacune d'elles conserve sa langue, son culte, ses institutions et une sorte de rivalité hostile. On compte en Autriche en nombres ronds :

- 17 millions et demi de *Slaves* (Bohême, Galicie et le Pays au sud de la Drave).
- 9 millions et demi d'*Allemands* (Autriche, Salzbourg, Styrie, Carinthie, Tyrol septentrional).
- 5 millions et demi de *Hongrois* ou *Madgyares* (Hongrie et Transylvanie).
- 3 millions de *Roumains* (Transylvanie). — 500,000 *Italiens* (Tyrol méridional, littoral de l'Istrie et de la Dalmatie).

L'*allemand*, les divers dialectes *slaves* et le *hongrois* sont les langues les plus répandues. Le *catholicisme* est la religion dominante (29 millions), mais les protestants (3,600,000), les grecs (3 millions) et les juifs (1,500,000) sont nombreux.

Les Montagnes. On distingue *trois régions montagneuses :* la *quadrilatère de Bohême* au Nord ; les *Alpes orientales* au S.-O., et la *région des Carpathes* au N.-E. Entre ces massifs s'étendent de vastes plaines dont l'une, la *grande plaine de Hongrie*, arrosée par le Danube, dépasse en superficie (93,500 kilomètres carrés) notre bassin de la Seine.

1° **Le Quadrilatère de Bohême** (Voir l'Empire d'Allemagne).

2° Les Alpes orientales. Elles commencent au massif du *Maloia* et se composent de *deux grandes chaînes :*

1° La *première chaîne* longue de 500 kilomètres décrit un grand arc de cercle d'un développement symétrique à celui des Alpes occidentales et compris entre le Maloia et le Mont *Kernitza*. Elle se rattache aux *Alpes Dinariques* qui longent de leurs crêtes parallèles la côte de l'Adriatique. Elle comprend *trois parties* séparées par le pic des *Trois seigneurs* (3500 m.) et le Mont *Terglou* (3856 m.).

- 1° Les *Alpes Rhétiques.* — Elles renferment le col du Brenner (Route du Tyrol et chemin de fer).
- 2° Les *Alpes Carniques.* — Col de Tarvis (811 m.). De ces Alpes, se détachent les *Alpes de Croatie* qui séparent la Drave de la Save.
- 3° Les *Alpes Juliennes.* — Toutes calcaires et percées de nombreuses grottes.

2° La *seconde chaîne*, longue de 200 kil., continue les Alpes rhétiques au-delà du pic des Trois seigneurs et se prolonge jusqu'à Vienne. Elle comprend *deux parties :*

- 1° Les *Alpes de Salzbourg* jusqu'au Mont Elend. Elles renferment le Grand *Glockner* (3890 m.).
- 2° Les *Alpes de Styrie* qui portent au-delà du Schneeberg le nom de *Wiener-Wald.*

Contreforts de la 2° chaîne.

- 1° Du Pic des Trois seigneurs. — *Le massif entre la Salza et l'Inn.*
- 2° Du Mont Elend.
  - 1° Le *Hausrück Gebirge.* — Entre l'Inn et la Traun, affluents du Danube.
  - 2° Les *Alpes Autrichiennes.* — Parallèles aux Alpes de Styrie.
  - 3° Les *Alpes Noriques.* — Entre la Mühr et la Drave. Elles se prolongent au-delà de la Drave par le *Bakony Wald* (Col du Semmering).

3° L'Empire Austro-Hongrois.

Les Montagnes.

- **3° Les Carpathes** — Trois parties.
  - **1° Les Carpathes occidentales.** — Situées à l'Est des Monts Sudètes, elles se composent d'un massif considérable, le Mont *Tatra* formé de plusieurs lignes de hauteurs parallèles et de plusieurs massifs ou chaînes secondaires comme le *Beskiden* et le *Petit Carpathe*.
  - **2° Les Carp. centrales.** — Commencent au Mont *Pietroz*, (source de la Theiss et du Pruth). — Peu épaisses et peu élevées.
  - **3° Les Carpathes orientales.** — S'étendent du défilé des *Portes de fer* que franchit le Danube jusqu'à la source de la Theiss. Elles forment une courbe d'abord dirigée de l'Ouest à l'Est et désignée sous le nom d'*Alpes de Transylvanie* puis au N.-O. A l'Ouest s'étend sur une longueur de 400 k. le plateau boisé et montagneux de Transylvanie que ferme à l'Ouest un massif d'une élévation de 12 à 1500 m. dont le principal sommet est le Mont *Hihar*.

Les Cours d'eau. — quatre versants.

- **1° Versant de la Mer Noire.**
  - 1° Le Danube. (Cours moyen : de Passau aux Portes de fer). (En allemand : *Donau*).

    Ce fleuve, le *second de l'Europe*, (2800 k.) et le *grand cours d'eau de l'Autriche*, naît dans la Forêt Noire. Après avoir arrosé le Grand-Duché de Bade, le Wurttemberg, Ulm où il devient navigable, et la Bavière, il entre en Autriche à *Passau* (confluent de l'Inn). Il s'y ouvre un étroit passage entre les derniers contreforts des Alpes et les Monts de Bohême, puis coule dans un large lit semé d'îles boisées et marécageuses, et traverse *Linz*, *Vienne*, *Presbourg*, *Komorn*, *Gran*. Brusquement rejeté vers le Sud par un rameau des Carpathes, il arrose dans cette nouvelle direction *Bude* et *Pesth*, puis à partir de son confluent avec la Drave, il reprend sa direction primitive, coule dans *Peterwarden*, *Carlowitz*, se grossit à gauche de la Theiss, reçoit la Save à *Belgrade*, sert alors de frontière à l'Autriche-Hongrie qu'il quitte en passant par une série de rapides dans l'étroite tranchée qu'il a pratiquée lui-même aux Portes de fer.

    Affluents.
    - R. D.
      - 1° La *March* ou *Morava*. — Olmutz.
      - 2° Le *Waag*.
      - 3° La *Gran*.
      - 4° La Theiss — V. T. Tokay, Szegedin.
        - G.
          - 1° Le *Szamos*. Klausembourg.
          - 2° Le *Koros*.
          - 3° Le *Maros*. — Karlsbourg.
      - 5° L'*Aluta*. — Cours supérieur.
    - R. G.
      - 1° L'*Inn*. — Innsprück. — La *Salza*. — Salzbourg.
      - 2° L'*Enns*.
      - 3° La *Leitha*.
      - 4° La *Raab*.
      - 5° La Drave — La *Muhr*. — Gratz, Leoben.
      - 6° La Save.
  - 2° Le *Dniester*. — Cours supérieur.
- **2° Adriatique**
  - 1° L'*Adige*. — Cours supérieur. — Il traverse Trente.
  - 2° L'*Isonzo*.
- **3° Baltique.** — La *Vistule*. — Cours supérieur. — Elle reçoit le *San* et arrose Cracovie.
- **4° Mer du Nord** — L'*Elbe*. — Né dans les Monts des Géants, il reçoit la *Moldau* qui, plus considérable que le fleuve, traverse les deux villes de Budweiss et Prague, capitale de la Bohême.

Formation territoriale.

L'*Autriche* (Œsterreich, pays de l'Est), doit son nom à une des marches ou provinces frontières de l'empire germanique. La *Hongrie* tire le sien d'un peuple d'origine asiatique, les hongrois ou madgyares qui s'y établirent au Xe siècle.

La maison d'Autriche a pour fondateur un petit seigneur de l'Argovie, Rodolphe de Habsbourg, élu empereur d'Allemagne en 1273. Vainqueur d'Ottocar, roi de Bohême, qui lui refusait l'hommage, il lui enleva les duchés d'*Autriche*, de *Styrie*, de *Carinthie* et de *Carniole* (1278). A ces possessions, qui formèrent le noyau de l'empire d'Autriche, s'ajoutèrent, par héritage, le *Tyrol* et le *Vorarlberg* (1359) et par le mariage de Maximilien avec Marie de Bourgogne, les *Pays-Bas* et la *Franche-Comté* (1477).

Charles-Quint rêva un moment la domination universelle ; mais, par le partage de ses Etats entre son fils Philippe II et son frère Ferdinand Ier, il calma les craintes de l'Europe. Ferdinand Ier reçut la couronne impériale et les domaines autrichiens ; il les agrandit du *royaume de Bohême* (Bohême, Moravie et Silésie) et assura à sa famille, par son mariage, la couronne héréditaire de *Hongrie*. Ses successeurs enlevèrent aux Turcs la *Croatie* et l'*Esclavonie* (1687), la *Transylvanie* (1699) et acquirent par les traités d'Utrecht (1713) la *Belgique*, le *Milanais*, le royaume des *Deux-Siciles* qui fut, il est vrai, bientôt perdu et par les partages de la Pologne, la *Galicie* (1772-1795).

Formation territoriale (Fin).

Les guerres qu'ils soutinrent contre la République et l'Empire faillirent leur être fatales ; cependant l'Autriche, qui avait été érigée en empire en 1806, ne perdit que la Belgique. Par les traités de 1815, elle recouvra ses autres possessions et obtint en outre le *Duché de Salzbourg*, le royaume *Lombard-Vénitien*, la *Dalmatie* et la république de *Raguse*.

Les dernières guerres contre l'Italie, la France et la Prusse lui ont fait perdre l'influence qu'elle exerçait dans la péninsule italique et la Confédération germanique. Dépouillée de la *Lombardie* en 1859, de la *Vénétie* en 1866, elle a cessé, à la même époque, de faire partie de l'Allemagne. Elle paraît vouloir se dédommager en Orient de la position perdue en Occident et l'occupation de la *Bosnie* et de l'*Herzégovine* (1878) est un premier pas dans cette voie où elle rencontrera nécessairement la rivalité de la Russie.

Divisions politiques. — Deux parties séparées par la Leitha et comprenant dix-huit provinces

- **1° L'Empire d'Autriche** ou **Provinces cisleithanes** (Deux groupes. Quatorze provinces)
  - **1° Groupe allemand** (Centre). Cinq provinces.
    - 1° *Basse-Autriche*. — Cap. Vienne.
    - 2° *Haute-Autriche*. — Cap. Linz.
    - 3° *Styrie*. — Cap. Gratz.
    - 4° *Salzbourg*. — Cap. Salzbourg.
    - 5° *Tyrol et Vorarlberg* (en partie italien) — Cap. Innsprück.
  - **2° Groupe Slave** (Nord et Sud) Neuf provinces.
    - 1° *Bohême*. Cap. Prague.
    - 2° *Moravie*. » Brünn.
    - 3° *Silésie*. » Troppau.
    - 4° *Galicie*. » Lemberg.
    - 5° *Bukowine*. » Czernowitz.
    - 6° *Carinthie*. » Klagenfurt.
    - 7° *Carniole*. » Laybach.
    - 8° *Istrie*. » Trieste — à demi italiennes l'une et l'autre.
    - 9° *Dalmatie*. » Zara. — à demi italiennes l'une et l'autre.
- **2° Le royaume de Hongrie** ou **Provinces transleithanes** (Trois races. — Quatre provinces).
  - **1° Province hongroise** — *Hongrie*. — Cap. Buda-Pesth.
  - **2° Province roumaine** — *Transylvanie*. — Cap. Klausembourg.
  - **3° Groupe slave.**
    - 1° *Croatie et Slavonie*. — Cap. Agram.
    - 2° *Confins militaires*. V. prin^le^ Peterwarden.

Gouvernement

Monarchie dont le chef porte le titre d'*empereur d'Autriche* et de *roi de Hongrie*. — Le trône est héréditaire dans la maison de Habsbourg-Lorraine. — Les affaires communes (affaires étrangères et militaires) sont réglées par un ministère de trois membres et par des délégations parlementaires, nommées par chacun des deux parlements.

- Pouvoir législatif
  - Pays cisleithans.
    - *Chambre des seigneurs* héréditaire ou à vie.
    - *Chambre des représentants*, élue par les quatre classes d'électeurs de chaque province.
  - Pays transleithans
    - *Chambre ou table des Magnats* (seigneurs).
    - *Table des députés*.

Les principales Villes de l'Empire Austro-Hongrois.

La capitale de l'Empire.

Vienne ou *Wien.* 1,050,000 h. avec ses faubourgs. — Sur la rive droite du Danube, Vienne, l'une des villes les mieux situées et les plus élégantes de l'Europe, est à la fois la *capitale politique, industrielle* et *commerciale* de l'Empire. Elle se compose de la vieille ville qui renferme le château impérial, la cathédrale de St-Etienne, avec sa flèche de 138 mètres de hauteur et de trente faubourgs qui entouraient l'enceinte fortifiée, aujourd'hui démolie, et qui sont devenus des quartiers de la capitale.

Célèbre dans l'Allemagne et dans le monde comme ville de plaisir, Vienne est aussi une *cité de grande activité industrielle*; environ le 10ᵉ des produits fabriqués dans l'empire sort de ses ateliers. Elle se distingue surtout par la fabrication des soieries, des voitures, des locomotives, des machines, des pianos, des instruments de musique. Ses bronzes, ses porcelaines, son armurerie, sa maroquinerie sont estimés.

Vienne a résisté deux fois aux Turcs en 1529 et 1683 et a été prise par les Français en 1805. — Traités de 1738 et de 1809. — Congrès de 1814-1815. — Patrie de Schubert, elle fut la résidence de Mozart et de Beethoven.

Les environs.

Schœnbrünn. Château impérial avec un magnifique jardin botanique.
Frohsdorf. Château princier habité par le comte de Chambord. — *Rohrau.* Sur la Leitha. Patrie de Haydn.
Essling, Wagram. Villages où Napoléon Iᵉʳ vainquit l'archiduc Charles 1809.

Hᵗᵉ Autriche.

Linz. 30,550 h. — Située à l'endroit où viennent aboutir la route de la Bohême et celle de Salzbourg, elle est l'entrepôt naturel des sels de Salzbourg, des bois et des autres produits de la Bohême.
Steyer. 18,000 h. — Sur l'Enns. Coutellerie et armes blanches. — *Ischl.* Eaux thermales renommées.

Styrie.

Gratz. 82,000 h. — Sur la Muhr. Est la seule grande ville des Alpes Autrichiennes et la capitale d'une *région montagneuse et stérile* et habitée par une population de bûcherons, de pâtres, de mineurs et de forgerons.
Leoben. Ville minière, devenue fameuse par les préliminaires de la paix de Campo Formio 1797.

Salzbourg.

Salzbourg. 20,000 h. — Sur la Salza. L'une des plus originales et des plus jolies villes de l'Allemagne, elle est la capitale d'une région qui exploite de riches *mines de sel.* Patrie de Mozart.
Gastein. Eaux minérales. Rendez-vous fréquent des souverains de l'Europe.

Tyrol et Vorarlberg.

Innsbruck. 16,800 h. — Située au pied de la montée du Brenner, sur le chemin de fer qui rattache l'Allemagne centrale à l'Italie, elle est la ville principale du Tyrol, pays de *lacs*, de *forêts*, de *vallées profondes* que les Alpes rhétiques partagent en deux langues.
Trente. 17,000 h. — Sur l'Adige. Capitale du Tyrol italien. Siège d'un célèbre *concile œcuménique* (1545-63).
Bregenz. Sur le lac de Constance. Capitale de la région industrieuse du Vorarlberg.

Bohême.

Prague ou *Praha.* 200,000 h. — Située sur la Moldau, au centre de figure du grand quadrilatère de la Bohême, province riche par ses mines de houille, de fer et de plomb, ses sources minérales, ses cultures et son industrie, Prague, la grande ville des Tchèques, est une des belles cités du monde et la *troisième de l'Austro-Hongrie* après Vienne et Pesth. Elle est divisée par la rivière en deux parties: la ville proprement dite sur la rive droite; sur la rive gauche, une sorte de citadelle désignée sous le nom de *Hradschin.*

Prague est justement célèbre par ses *anciens monuments, ses souvenirs historiques* (Défénestration de Prague 1618; bataille de la Montagne Blanche 1620; siège glorieux soutenu par les Français en 1742) et son *activité industrielle.* Elle est le centre de l'industrie des *draps*, du *fer* et de la *verrerie.*

Villes industrielles.

Reichemberg. 30,000 h. — Au pied des monts des géants. Manufactures de coton et de lainages.
Budweiss. 18,000 h. — Sur la Moldau. Mines de graphite.
Pilsen. 28,000 h. — Riches mines de houille et brasseries.
Gablonz et *Neuwelt.* — Centres de la fabrication des verres de Bohême.

Bohême (fin).

Carlsbad, Marienbad, Tœplitz, Püllna, Sedlitz. — Eaux minérales. La 1ʳᵉ est la plus célèbre ville de bains de toute l'Europe centrale. Ses environs sont le siège de la fabrication des porcelaines et du tissage des dentelles.

Villes historiques.

Kolin et *Lowositz.* Batailles de la guerre de sept ans 1757-1756. — *Eger.* Rappelle l'assassinat de Wallenstein 1634.
Reichstadt. Duché érigé par l'empereur François Iᵉʳ en faveur de Napoléon II.
Sadowa. Village voisin de la place forte de *Kœniggrætz*, il rappelle la défaite des Autrichiens en 1866.

Moravie.

Brünn. 75,000 h. — Capitale de la Moravie qui est avec ses deux voisines, la Bohême et la Silésie, à la tête de l'industrie austro-hongroise, Brünn est très importante par ses *manufactures de draps et de toiles.* Elle est dominée par le célèbre *Spielberg*, prison d'État immortalisée par Sylvio Pellico.
Iglau. 20,000 h. — Est aussi importante pour la fabrication des draps et l'industrie du verre.
Olmutz. 15,000 h. — Sur la Morava. 2ᵉ capitale du pays, elle est sa principale place forte.
Austerlitz. Victoire de Napoléon Iᵉʳ sur les empereurs d'Allemagne et de Russie. 2 Décembre 1805.

Silésie.

Troppau. 17,000 h. — Fabriques de draps. Congrès de 1820.

Galicie.

Lemberg. 103,000 h. — *Cinquième cité* de la monarchie austro-hongroise par le nombre de ses habitants, elle n'était naguère qu'un bourg fortifié de peu d'étendue. Elle doit au commerce et à l'industrie cet accroissement rapide de population.
Cracovie. 50,000 h. — Moindre que Lemberg par l'importance commerciale, elle est beaucoup plus remarquable par ses *monuments* et son *histoire.* Capitale de la Pologne jusqu'au 17ᵉ siècle, elle resta jusqu'en 1764 la ville du couronnement. Reconnue indépendante en 1815, elle fut occupée par l'Autriche en 1846.

Sa cathédrale renferme les tombeaux d'un grand nombre de rois de Pologne et de grands hommes: c'est là que reposent Sobieski, Poniatowski, Kosciusko.
Wieliczka et *Bochnia.* Salines les plus importantes de l'Europe.

Bukowine.

Czernowitz. 34,000 h. — Sur le Pruth. Est le principal entrepôt de la frontière.

Carinthie.

Klagenfurt. 15,200 h. — Est la capitale de la Carinthie qui est, comme la Carniole, sa voisine, un pays montagneux, arrosé par la Save et la Drave et enrichi par l'exploitation de *ses forêts* et de ses *mines de fer et de zinc.*

Carniole.

Laybach. 23,000 h. — Près de la Save. Ancienne capitale du royaume d'Illyrie (1816-1853). Congrès de 1821.
Idria. Mines de mercure.

Istrie.

Trieste. 126,650 h. — *Premier port* de l'Autriche-Hongrie et l'un des plus commerçants de la Méditerranée. (600 millions d'affaires en 1874). — Siège de la Cⁱᵉ à vapeur du Lloyd autrichien.
Goritz. 17,000 h. — Sur l'Isonzo. Surnommée la Nice Autrichienne. Charles X y mourut en 1836.
Pola. 16,500 h. — A l'extrémité de la presqu'île de l'Istrie. Grand port militaire, l'un des plus complets de l'Europe.

Dalmatie.

Zara. 8,000 h. — Port et place forte. Ancienne ville vénitienne renommée pour ses excellentes liqueurs (marasquin).
Raguse. 8,000 h. — Entourée de fortifications et dominée de tours, elle mérita jadis le surnom « d'Athènes dalmate. »
Cattaro. Au fond du golfe des « Bouches » ce port de guerre est regardé comme la merveille de l'Adriatique.

Hongrie.

Buda-Pest. 300,000 h. — Capitale de la Hongrie, plaine immense qui doit sa richesse à la culture des *céréales* du *tabac* et de la *vigne* et à ses *grands pâturages* où errent des troupeaux de moutons, de bœufs et de chevaux. Formée de deux villes séparées par le Danube: *Buda* ou *Ofen*, sur la rive droite, ancienne capitale des rois de Hongrie et *Pest* sur la rive gauche, la ville moderne. Grand entrepôt de denrées et de marchandises à destination de la mer Noire et de l'Adriatique. Industrie active: grands moulins à farine.
Presbourg. 47,000 h. — Sur le Danube. Était la ville du sacre des rois de Hongrie. Traité de 1805.
Mohacs. Défaite de 1526 où Soliman écrasa l'armée du roi Louis II de Hongrie. Défaite des Turcs en 1687.
Maria-Theresiopel. 57,000 h. — Grands marchés pour les cuirs, les toiles et les chevaux.

Les principales Villes de l'Autriche-Hongrie (Fin).

Hongrie. (Fin).

St-Gothard. Sur le Raab. Victoire de Montecuculli sur les Turcs 1664. — *Tokay.* Sur la Theiss. Célèbre par ses vins.
Szegedin. Au confluent du Maros et de la Theiss. Seconde ville de la Hongrie par le nombre de ses habitants (70,200) elle doit à son heureuse position d'être un lieu d'échanges très animé (laines, cuirs, tabac).
Temeswar. 32,000 h. — Grande et forte ville, ancienne capitale du banat de Temeswar (Serbie-hongroise).

Transylvanie.

Klausembourg. 26,000 h. — Sur le Szamos. Capitale de la Transylvanie et en particulier du pays hongrois.
Hermanstadt. 19,000 h. — Capitale du pays saxon.
Kronstadt. 27,800 h. — La ville la plus peuplée et la plus commerçante de la Transylvanie.

Croatie et Slavonie.

Agram. 20,000 h. — Est, par son université, ouverte en 1874, un des centres de la renaissance slave dans le midi de l'Autriche.
Esseck. 17,000 h. — Sur la Drave. Capitale de la Slavonie.
Fiume. 18,000 h. — Port sur l'Adriatique. Siège de l'école navale de l'Austro-Hongrie.

Confins militaires.

On appelle de ce nom une bande de territoires limitrophes du Danube: ils étaient constitués militairement: la propriété y formait une espèce de fief héréditaire que l'habitant tenait de l'État sous condition du service militaire.
Peterwardein. Place forte sur le Danube. — *Semlin.* Au confluent du Danube et de la Save.
Bazias. Place de commerce importante sur le Danube. — *Orsova.* Place forte, au défilé des portes de fer.

Résumé.

L'Empire Austro-hongrois compte une *dizaine de villes* de 30 à 100,000 âmes et *cinq* au-dessus de 100,000: les deux capitales, *Vienne* et *Buda-Pest;* l'une de ses plus importantes cités par les souvenirs de l'histoire et l'activité industrielle, *Prague;* son grand port, *Trieste* et la capitale de la Galicie, *Lemberg.* Son commerce extérieur dépasse 2,600,000 de francs. L'exportation comprend principalement la *laine,* les *peaux,* les *bois;* les *métaux;* les *céréales,* les *vins* et les *bestiaux;* les *lainages,* la *porcelaine,* la *verrerie,* la *tabletterie,* la *bijouterie,* la *quincaillerie,* etc.

3° Groupe du Sud. — 1° La péninsule ibérique. — Espagne et Portugal.

Limites.

Nord. | Les *Pyrénées* et la *Bidassoa* qui la séparent de la France. Le G. de *Gascogne* ou mer de *Biscaye.*
Ouest. | L'*Océan Atlantique.* Sud. | Le détroit de *Gibraltar* (15 k.) qui la sépare de l'Afrique.
Est. | La *Méditerranée* qui baigne le groupe des îles *Baléares.*

Littoral.

Sur l'Océan Atlantique, la côte du nord et du nord-ouest est généralement abrupte, rocheuse, découpée: elle présente les caps du *Figuier, Ortegal, Finisterre;* les baies de *Santander,* de la *Corogne,* de *Pontevedra,* de *Vigo.*

Entre l'embouchure du Minho et celle de la Guadiane, le littoral est au Portugal. Côte basse et sablonneuse sur laquelle on remarque les caps *Peniche, Roca, Espichel* et *St-Vincent,* les baies de *Lisbonne,* de *Setubal,* de *Lagos.*

Au delà de l'embouchure de la Guadiana, la côte, redevenue espagnole, reste basse et couverte d'étangs jusque vers Gibraltar. Cap *Trafalgar* (défaite de Villeneuve en 1805); *pointe d'Europe.*

Sur la Méditerranée, la côte, d'abord formée par de hautes falaises jusqu'au Cap *Palos,* est ensuite le plus souvent plate et sablonneuse. — Caps de *Gata, Nao, Creus, Cerbera.*

Superficie, Population, Races, Religion.

593,000 k. carrés. — Soit environ *60 millions d'hectares* dont 50 pour l'*Espagne* et 10 pour le *Portugal.* — *20 millions et demi d'habitants* dont 16 1/2 pour l'*Espagne* et 4 pour le *Portugal.* Soit 32 habitants au kil. carré pour la 1re et 42 pour le second. Ces deux pays occupent en Europe *le 10e et le 11e rang* pour la densité de la population.

La population de l'un et de l'autre a la même origine: un fond *ibère et celte* modifié par des peuples de race *sémitique* (Phéniciens, Carthaginois, Arabes) et par des peuples de race *indo-européenne* (Grecs, Romains, Suèves, Vandales et Wisigoths). Aussi la langue espagnole, bien que dérivée surtout du latin, contient-elle un certain nombre de mots celtes, tudesques et arabes.

Les Espagnols et les Portugais professent en très grande majorité le *culte catholique.*

Les Montagnes

On peut distinguer **trois régions principales:**

1° **Le plateau central ou de Castille.** — De forme quadrangulaire, d'une superficie de 200,000 kil. carrés (soit les 2/5e de la superficie totale), d'une hauteur moyenne de 700 mètres, plus élevé au nord qu'au sud, enfin incliné de l'E. à l'O , il renferme les provinces de Léon, de vieille et de nouvelle Castille, d'Estramadure, l'Andalousie septentrionale et la partie occidentale de la province de Murcie.

Il est traversé de l'E. à l'O., entre le Douro et le Tage par la *Sierra Guadarrama* (2,500 mètres), grande muraille étroite et escarpée, percée de brèches (cols de *Somo-Sierra* et de *Guadarrama*) qui se continue jusqu'au cap Roca sous les noms de *Sierra de Gredos*, (3,000 mètres), de *Gata* (1,800) et de *Estrella* (2,300 mètres). Cette chaîne sépare le plateau du N. ou de vieille Castille du plateau du S. ou de nouvelle Castille, coupé également par les *Monts de Tolède*, qui se dressent entre le Tage et la Guadiana et vont rejoindre en Portugal, sous le nom de *Sierra de Guadalupe* (1,550 mètres), la chaîne volcanique des *Algarves.*

« Les deux plateaux sont tristes, pauvres, presque hideux. Ils sont faits de plaines grises fertiles en grains, chiches en arbres, de ravins sans eau, de steppes où broute le mérinos. De loin en loin quelque village dresse, entre les chaumes de la plaine ou dans les pierrailles du coteau, des maisons croulantes et qui semblent désertes; à l'horizon, montent des sierras pelées, couturées par les torrents; en hiver, c'est la neige, la glace et la fange; en été, la poussière sous un soleil de plomb, et des vents violents soufflent toute l'année. »

Le plateau central qu'entourent des *terrasses fort accidentées* (Galice, Asturies, Santander, Aragon, Valence, Murcie, Andalousie et Portugal) est limité par des talus remplis de défilés, de précipices et de ravins:

1° Au Nord — **Les Monts Cantabres et des Asturies.** — Désignés, ainsi que les *Monts de Galice* qui les continuent, sous le nom de *Pyrénées maritimes*, ils sont d'abord médiocrement élevés, se relèvent dans les Asturies jusqu'à plus de 3,000 mètres, se composent alors d'une série de pics aigus, neigeux, boisés et pittoresques, puis s'épanouissent en nombreux rameaux qui couvrent toute la Galice et le nord du Portugal.

2° A l'Est — **Les Monts Ibériques.** — Ils sont moins une chaîne qu'une suite de hautes terres nues et désertes, élevées de 7 à 900 mètres, appelées *parameras* et semées çà et là de massifs montagneux (*Sierra d'Occa* 1,600 mètres; *Sierra Moncayo* 2,900; *Sierra d'Albaracin* 1,900). Ils projettent sur la Méditerranée plusieurs rameaux.

3° Au Sud — **La Sierra Morena.** — Ainsi nommée (montagne noire) à cause des arbustes à feuillage sombre qui la tapissent, elle n'a l'aspect d'une montagne que sur son versant sud; quand elle a atteint environ 1,000 mètres, elle se confond avec les hautes plaines de l'Estramadure.

4° A l'Ouest. — **Des contreforts de la Sierra Guadarrama et des Monts de Tolède.**

2° Au Nord-Est. — **La vallée de l'Ebre.** — Limitée au nord par les *Pyrénées françaises* dont les principaux sommets appartiennent à l'Espagne (Nethou, Posets, etc.) et qui projettent de nombreux et longs rameaux jusqu'au bord de l'Ebre; limitée au sud par la partie des *Monts Ibériques* comprise entre la source de l'Ebre et la sierra d'Albaracin, elle renferme une partie des provinces basques et les provinces de Navarre, d'Aragon et de Catalogne.

3° Au Sud. — **La vallée du Guadalquivir.** — Elle s'étend de la *Sierra Morena* au N. à la *Sierra Nevada* au Sud et contient les provinces de Grenade et d'Andalousie. — La *Sierra Nevada* (montagne neigeuse) est une haute chaîne d'une longueur de 300 kil. (Cap Tarifa au cap Gata): formée de plateaux larges et nus et de sommets qui sont les plus élevés de la péninsule (*Pic de Mulahacen*, 3,554 mètres), elle tombe en pentes rapides sur la Méditerranée tandis qu'elle s'abaisse en terrasses sur le Guadalquivir et forme le plateau de Grenade qu'arrose le Jenil.

La Péninsule ibérique (Suite).

Les Cours d'eau. — **Trois versants.**

- **1° Vt de la Mer de Biscaye.**
  - 1° La *Bidassoa*. — Elle sépare l'Espagne de la France par les derniers kil. de sa rive droite.
  - 2° Le *Nervion*. — Appelé *Ansa* à son embouchure, il traverse *Bilbao*.
  - 3° La *Navia*.
- **2° Versant de l'Océan Atlantique.**
  - 1° Le *Minho*. — Il coule encaissé par les Monts de Galice et, par son cours inférieur, sert de limite au Portugal.
  - 2° **Le Douro** (ou Duero), 700 kil. — Descendu des Monts Ibériques, il coule vers l'Ouest dans un lit profond et étroit, traverse *Zamora*, sépare l'Espagne du Portugal et se jette dans la mer à *Oporto* (Portugal).
    - R. D.
      - 1° La *Pisuerga*. — Valladolid. — R. d. { L'*Arlanza* { L'*Arlanzon*. — Burgos.
      - 2° L'*Esla*. — R. d. { La *Bornesga*. — Léon.
    - R. G.
      - 1° L'*Adaja*. — Avila. — R. d. { L'*Eresma*. — Dans sa vallée sont St-Ildefonse et Ségovie.
      - 2° La *Tormès*. — Salamanque.
  - 3° Le *Mondego*. — Entièrement portugais, il traverse la province de Beira dont il arrose la capitale *Coïmbre*.
  - 4° **Le Tage** (Tajo) 1100 kil. — Il coule au fond de ravins tortueux, au milieu de campagnes dépouillées, sauvages, arrose *Tolède*, *Alcantara*, descend du plateau par une série de rapides, entre en Portugal où il traverse *Abrantès*. Devenu navigable, il passe à *Santarem*, puis s'élargit en lac pour donner à *Lisbonne* un des plus amples ports de l'univers.
    - R. D. { Le *Tajuna* { Le *Xarama* { Le *Manzanarès*. — Madrid.
  - 5° **La Guadiana** (Oued Anas, la rivière Anas), 800 kil. — Sortie des lagunes de Ruydera, elle disparait plus bas dans des plaines marécageuses, reparait 24 kil. plus loin par les fameux *yeux de la Guadiana*, coule vers le S.-O. et arrose *Badajoz* avant d'entrer dans le Portugal qu'elle sépare de l'Espagne avant de se jeter dans l'Océan.
  - 6° **Le Guadalquivir** (En latin, *Bætis*; en arabe, *Oued el Kebir*, la grande rivière) 480 kil. — Traverse l'Andalousie dont il arrose deux des principales villes : *Cordoue* et *Séville*.
    - R. G. Le *Xenil* ou *Jenil*. — Arrose la plaine fertile et bien cultivée de *Grenade*.
- **3° Versant de la Mer Méditerranée.**
  - 1° La *Segura*. — Traverse dans son cours inférieur la huerta ou jardin de *Murcie*, région de vignes et d'orangers.
  - 2° Le *Xucar*. — 3° Le *Guadalaviar*. Arrose la féconde huerta de *Valence* et se termine à *Grao*.
  - 4° **L'Ebre**, 550 k. — Le plus important des fleuves de la péninsule. — Né dans les Monts Cantabres, il coule directement au S.-E., d'abord dans une vallée encaissée, puis dans la plaine où il arrose *Saragosse*: après avoir franchi le redoutable défilé de *las Armas*, il traverse la riche plaine de *Tortose* et se perd ensuite en partie dans les sables de son delta.
    - R. G.
      - 1° La *Zadorra*. — Vittoria. — 2° L'*Aragon* { L'*Arga*. — Pampelune.
      - 3° Le *Gallego* qui finit à Saragosse.
      - 4° La *Sègre*. — Grande rivière torrentielle qui passe à Puycerda, Urgel, Lérida.
  - 5° Le *Llobregat*. — Divise la Catalogne en deux parties à peu près égales et se jette au S.-O. de Barcelone.

Géographie politique. — Deux parties : 1° Le Royaume d'Espagne. — C. Madrid.

Formation territoriale. — Habitée dans l'antiquité par de nombreuses tribus d'Ibères et de Celtes, l'Espagne, désignée par les Grecs sous le nom d'*Hespérie* ou d'*Ibérie* et par les Romains sous celui d'*Hispania*, fut visitée d'abord par les *Phéniciens* et les *Grecs* qui fondèrent sur ses côtes plusieurs colonies. Conquise en partie par les *Carthaginois* (Carthagène), puis soumise entièrement par les *Romains* après de longues guerres (le pâtre Viriathe. — Siège de Numance) elle fut, au commencement du Ve siècle, envahie par les *Suèves* qui se fixèrent dans la Galice, les *Vandales* qui, avant de passer en Afrique, donnèrent leur nom à l'Andalousie et par les *Wisigoths* qui s'emparèrent de toute la péninsule.

Formation territoriale. (Fin).

L'empire de ces derniers fut détruit en 711 par les *Arabes* vainqueurs à Xérès et fit place au *Khalifat de Cordoue* (756); mais bientôt s'engagea, entre les Espagnols chrétiens et les Arabes musulmans, une lutte, à la fois politique et religieuse, de près de huit siècles pendant laquelle les chrétiens fondèrent successivement les royaumes de *Navarre*, de *Léon*, de *Castille*, d'*Aragon* et de *Portugal*.

Les quatre premiers furent réunis, au XVIe siècle, entre les mains de *Charles d'Autriche* (Charles-Quint) et son fils *Philippe II* compléta l'unité territoriale de la péninsule par l'annexion momentanée du Portugal (1580-1640). — L'Espagne, maîtresse des trésors de l'Amérique, du Milanais, du Royaume de Naples et du Portugal, fut alors la puissance prépondérante en Europe; mais, au siècle suivant, sa décadence fut rapide sous les successeurs de Charles-Quint et ne s'arrêta que faiblement sous la *maison de Bourbon* (1700-1808).

Depuis cette époque, ce pays a été troublé par de fréquentes révolutions :

Guerre d'Espagne (1808-1813) provoquée par Napoléon Ier qui avait donné la couronne à son frère Joseph.

Rétablissement des Bourbons (1813-1868) avec Ferdinand VII et Isabelle II. — *Révolution* de Septembre 1868 qui renverse Isabelle II; dictature du général *Prim*, puis du régent *Serrano*. — *Royauté* proclamée en 1872 au profit d'*Amédée de Savoie* qui abdique l'année suivante. — *République fédérale*, puis *unitaire* à laquelle succède la royauté du fils d'Isabelle, *Alphonse XII* (1874).

Divisions politiques. 49 prov. nouvelles (y comp. les Canaries) formées de 15 prov. anciennes

- **Provinces maritimes 10.**
  - Baignées par la *Mer de Biscaye.*
    - 1° *Galice.* — C. La Corogne.
    - 2° *Asturies.* C. Oviedo.
    - 3° *V[lle] Castille.* — C. Burgos.
    - 4° *P[ces] Basques.* — C. Vittoria
  - Baignées par la *Méditerranée.*
    - 5° *Catalogne.* — C. Barcelone
    - 6° *Valence.* — C. Valence.
    - 7° *Murcie.* — C. Murcie.
    - 8° *Grenade.* — C. Grenade.
    - 9° *Iles Baléares.* — C. Palma.
  - *L'Atlantique.*
    - 10° *Andalousie.* — C. Séville.
- **Provinces continentales 5.**
  - Voisines de la *France.*
    - 1° *Navarre.* — C. Pampelune
    - 2° *Aragon.* — C. Saragosse.
  - Voisines du *Portugal.*
    - 3° *Estramadure.* — C. Burgos
    - 4° *Léon.* — C. Léon.
  - Province *intérieure.*
    - 5° *N[lle] Castille.* — C. Madrid.

Gouvernement — *Monarchie constitutionnelle* depuis 1837. — Le souverain gouverne avec deux chambres : la *Chambre des députés* dont les membres sont élus par le suffrage universel, un par 50,000 habitants. — Le *Sénat*, composé de 200 membres héréditaires, en partie choisis par la couronne et 100 élus par les corporations.

Principales Villes de l'Espagne.

La capitale. — **Madrid.** 370,000 h. Capitale de l'Espagne depuis 1563. Malgré son climat trop chaud ou trop froid, sa situation sur un plateau aride et sur les bords d'un ruisseau, le Manzanarès, dont on a pu dire qu'on en avait vendu l'eau pour en payer les ponts, et que c'est la première rivière du Globe pour y naviguer à cheval et en voiture, Madrid est par ses belles rues, ses promenades (le Prado, la Florida), ses palais, son riche musée de tableaux, la ville la *plus peuplée* et l'une des plus belles de l'Espagne. — Traité de Madrid 1526.

Ses environs.

L'Escurial. — Immense palais-monastère bâti par Philippe II en mémoire de la victoire de St-Quentin.
Aranjuez. — Sur le Tage. — Château royal et admirables jardins.
Alcala de Hénarès. — Patrie de l'écrivain Cervantès.

1° Galice.

La Corogne. 20,000 h. — L'une des cités les plus pittoresques de l'Espagne est aussi, grâce à son heureuse position à l'angle même de la péninsule, un port florissant; elle commerce surtout avec l'Angleterre qui en exporte des bestiaux.

Le Ferrol. 17,000 h. — Beau port militaire. Arsenal, chantiers de construction.

Santiago. 29,000 h. — Ancienne capitale de la Galice. Célèbre par son antique pèlerinage de *St-Jacques de Compostelle.*

Le Vigo. 6,000 h. — Où des corsaires anglais et hollandais vinrent en 1702 couler des galions chargés de l'or du Pérou.

2° Asturies.

Oviédo. 9,000 h. — Fut la capitale du royaume des Asturies, premier état fondé par les chrétiens espagnols.

Gijon. 6,000 h. — Première capitale de Pélage. Exporte les houilles et les fers de ses environs.

3° Vieille Castille.

Burgos. 14,000 h. — Quoique déchue de son ancienne splendeur, elle est encore remarquable par ses monuments et surtout par sa cathédrale du 13e siècle. Elle se vante de posséder les cendres du Cid qui serait né près de là, à *Vivar.*

Ségovie. 7,000 h. — Bâtie par Hercule, selon la légende, elle est toujours d'aspect une forteresse inabordable. Magnifique aqueduc romain de 161 arches. Elle a dans ses environs les palais royaux de *San Ildefonso* ou de *la Granja.*

Valladolid. 60,000 h. — A, comme Burgos, des monuments curieux et des souvenirs historiques. On y montre la maison où mourut Colomb, celle où vécut Cervantes. Université célèbre.

Santander. 21,000 h. — Port actif. — *Débouché naturel des Castilles,* il est en relations très suivies avec la France, l'Angleterre, Hambourg et la Suède et dispute, comme ville d'échanges, *le 3e rang* à Bilbao, Valence et Cadix.

4° Provinces basques.

Habité par les *Basques* ou *Escualdunacs,* un des peuples les plus anciens de l'Europe, descendants des Ibères, qui a conservé en partie ses *fueros* (lois et droits du temps jadis), le pays basque comprend trois provinces: *l'Alava* le *Guipuscoa* et la *Biscaye.*

Vittoria. 12,500 h. — Capitale de l'Alava. Ville industrielle et commerçante sur le chemin de fer de Paris à Madrid.

St-Sébastien. 15,000 h. — Capitale du Guipuscoa. Port de trafic et place de guerre. Renommé pour sa belle plage.

Fontarabie. Port et place forte, n'est connue que par ses bains de mer. — *Irun.* Sur la Bidassoa et la frontière française.

Bilbao. 30,000 h. — Capitale de la Biscaye. L'un des ports *les plus commerçants* de l'Espagne. Siège de 1875.

5° Catalogne.

Barcelone. 190,000 h. — Port sur la Méditerranée, Barcelone, la *seconde cité* de l'Espagne par la population, en est la *première* par l'activité industrielle: elle en est *en outre* le *port de commerce* le plus important. Elle fait à elle seule le quart de tous les échanges de la nation. La Catalogne, dont elle est la capitale, est d'ailleurs le centre des *grandes industries espagnoles:* usines métallurgiques, travail du liège, cotonnades, toiles et lainages.

Tarragone. 13,000 h. — Sur la Méditerranée. Fut la grande cité de la péninsule sous la domination romaine.

Reus. 25,000 h. — Près de Tarragone, est florissante par ses tissus de coton et de soie. — *Puycerda* et *Urgel:* places fortes.

Lérida. 12,000 h. — A toujours eu, comme place romaine, arabe ou chrétienne, une grande importance stratégique.

Tortose. 22,000 h. — A l'embouchure de l'Èbre. — *Gérone* et *Figueras* (Figuières): places fortes.

6° Valence.

Valence. 160,000 h. — La « Ville du Cid » doit sa gloire et son charme à sa *campagne* admirablement cultivée dans laquelle les végétaux des tropiques se mêlent aux plantes et aux arbres d'Europe. Elle est aussi une *ville de fabriques* (soie et velours) et son port artificiel, *le Grao,* rivalise d'importance avec celui de Cadix.

Sagonte ou *Murviedro.* Célèbre par le siège qu'elle soutint contre Annibal. — *Albufera:* victoire de Suchet en 1812.

Alicante. 31,000 h. — Sur la Méditerranée. Fait un commerce actif de *vins estimés.*

7° Murcie.

Murcie. 83,000 h. — Est, comme Valence, la capitale d'une *région fertile* où croissent dans des plaines couvertes de moissons et de rizières et sillonnées de canaux d'irrigation, l'olivier, l'oranger, le mûrier, le figuier, le dattier, etc.

Carthagène. 54,000 h. — Fondée par les Carthaginois, elle est l'un des plus *beaux ports militaires* de la Méditerranée.

Almanza. Victoire de Berwick en 1707 qui rétablit une 1re fois Philippe V, détrôné par l'archiduc Charles.

8° Grenade.

Grenade. 65,000 h. — Située dans une riche et fertile contrée, au milieu d'un paysage merveilleux, Grenade, que les Musulmans disaient être « une partie du ciel tombée sur la terre » n'a pas de rivales en Espagne pour le nombre et la beauté de ses *monuments mauresques* dont le plus connu est *l'Alhambra.* Elle fut la capitale du dernier royaume arabe détruit en 1492.

8° Grenade (Fin).

Almeria. 27,000 h. — Excellent port: il expédie en Angleterre et en France les produits de ses *mines de plomb argentifère.*

Malaga. 95,000 h. — D'origine phénicienne, comme la plupart des autres villes du littoral, Malaga est *le port le plus commerçant* de l'Espagne méridionale: il exporte des vins, des oranges, des fruits et surtout des raisins secs.

9° Andalousie.

Séville. 118,000 h. — Capitale de la province d'Andalousie, justement renommée pour la fertilité de ses larges plaines et la beauté de son climat. Cette ville, qui fut longtemps la capitale des rois de Castille, se vante d'être la *merveille de l'Espagne.* Elle a quelque droit à ce titre par ses monuments fameux (l'Alcazar) et les beaux tableaux de ses deux célèbres peintres Murillo et Velasquez.

Cadix ou Cadiz. 72,000 h. — Ancienne Gadès, l'une des *places les plus fortes* de l'Europe et excellent *port de commerce.* Près de la ville est le *Trocadéro,* forteresse prise par le duc d'Angoulême en 1823.

Cordoue. 45,000 h. — Ancienne capitale du Khalifat d'Occident, elle a conservé de sa grandeur passée la fameuse *mosquée* bâtie par le calife Abdérame et son fils à la fin du VIIIe siècle et regardée comme le chef-d'œuvre de l'architecture arabe.

Xérès. 35,000 h. — Dont le territoire produit des *vins blancs* renommés. Défaite des Wisigoths en 711.

Baylen. Capitulation du général Dupont en 1808. — *Linarès.* Plomb argentifère. — *Palos.* Port où s'embarqua Colomb (1492).

Gibraltar (20,000 h.).

Possession anglaise depuis 1704, Gibraltar, située sur le détroit à laquelle elle a donné son nom, est une *ville de guerre,* de *commerce* et de *contrebande.* Bâtie au pied d'un roc isolé de 427 mètres de hauteur, lié au continent par une bande de sable, elle commande l'entrée de la Méditerranée.

10° Les Iles Baléares.

Archipel formé de deux groupes: celui de l'Ouest (*Iviça* et *Formentera*) ou des *Pityuses* d'un mot grec qui signifie *pin* à cause des forêts qui en recouvraient les montagnes et celui de l'Est (*Majorque* et *Minorque*) ou des *Baléares* d'un autre mot grec qui signifie *lancer, jeter,* à cause de l'adresse des indigènes dans l'art de manier la fronde. Ces îles, renommées pour la beauté de leurs sites, la douceur de leur climat, la fécondité de leurs terres, ont pour capitale:

Palma. 53,000 h. — Dans l'île de Majorque. Place forte avec de beaux édifices. La seconde ville de l'Archipel est:

Port-Mahon. 25,000 h. — Dans Minorque. L'un des meilleurs port militaires de la Méditerranée. Prise par le duc de Richelieu en 1756.

11° Navarre.

Pampelune. 26,000 h. — Place forte sur l'Arga. Prise par les Français en 1521.

Roncevaux. Rappelle la défaite de Roland.

12° Aragon.

Saragosse. 60,000 h. — Place très forte sur l'Èbre. Illustrée par sa *défense héroïque* contre les Français en 1809.

13° Estramadure.

Badajoz. 22,000 h. — » » sur la Guadiana.

Medellin. Patrie de Fernand Cortez, le conquérant du Mexique.

14° Léon.

Léon. 8000 h. — Capitale d'une province dont les pâturages nourrissent, comme ceux de l'Estramadure, les plus beaux bestiaux de l'Espagne.

Salamanque. 15,000 h. — Autrefois célèbre par son université, elle a dans son voisinage le village des *Arapiles:* bataille de 1812.

15° Nouvelle Castille.

Tolède. 20,000 h. — *Ancienne capitale* de l'Espagne. D'un aspect à la fois espagnol et arabe en même temps que monastique et guerrier, elle commande à une région aride et sablonneuse que parcourent de maigres troupeaux.

Almaden. Dont les *mines de mercure* sont les plus riches du globe.

Résumé.

L'Espagne renferme *quatre villes* de plus de 100,000 âmes: sa capitale, *Madrid;* son principal port de commerce et son centre industriel le plus actif, *Barcelone;* une autre ville également importante par son industrie, *Valence* et la capitale de l'Andalousie, *Séville.* Le commerce extérieur est peu important: il ne dépasse pas *un milliard.*

Colonies.

L'empire colonial de l'Espagne, bien amoindri depuis le commencement du XIXe siècle, comprend encore:

En Afrique, *Ceuta,* les *Canaries,* les îles *Fernando-Po* et *Annobon.* — En Amérique, les îles de *Cuba* et de *Porto-Rico.* — En Océanie: les îles *Philippines, Carolines* et *Mariannes.* En tout, 311,007 kil. carrés et 8,400,000 habitants.

Formation territoriale.

L'histoire du Portugal, qui, à l'époque de la domination romaine, portait le nom de *Lusitanie*, se confond jusqu'au XIe siècle avec celle de l'Espagne. Pendant la lutte des chrétiens contre les musulmans, un prince français, Henri de Bourgogne, venu au secours du roi de Castille, Alphonse VI, reçut, en récompense de ses services, le comté de *Porto-Calle* 1095. Son fils, Alphonse, fut proclamé *roi* par ses soldats sur le champ de bataille d'*Ourique* 1139. La soumission du *Beira*, de l'*Estramadure* et la prise de *Lisbonne* (1147) furent le résultat de cette victoire et Lisbonne devint la capitale du royaume nouveau auquel les successeurs d'Alphonse donnèrent, par la conquête de l'*Alemtejo* et des *Algarves* (1203-1250) les limites qu'il a encore aujourd'hui.

Annexé à l'Espagne par Philippe II, il recouvra son indépendance en 1640 avec la maison de Bragance, mais ne conserva que le Brésil des nombreuses colonies que lui avaient données ses célèbres navigateurs du XVe et du XVIe siècle (Barthélemy Diaz, Vasco de Gama, Albuquerque, etc.)

Conquis en 1807 par Napoléon Ier, il fut rendu en 1813 à la maison de Bragance. Depuis le Brésil s'en est détaché et s'est constitué en empire indépendant, sous don Pedro Ier, fils du roi Jean VI de Portugal (1822).

Divisions politiques.

Le Portugal est divisé en *21 districts* (y compris les *Açores* et les *Madères* qui sont regardées comme partie intégrante du territoire portugais); mais l'usage a maintenu le nom des *anciennes provinces* au nombre de *huit*:

1° Entre *Douro et Minho*. — Cap. Braga.
2° *Tras os Montes*. — Cap. Bragance.
3° *Beira*. — Cap. Coïmbre.
4° *Estramadure*. — Cap. Lisbonne.
5° *Alemtejo*. — Cap. Evora.
6° *Algarves*. — Cap. Faro.
7° *Iles Açores* — Cap. Angra.
8° *Iles Madères*. — Cap. Funchal.

Gouvernement

Monarchie *constitutionnelle*. — Le roi, assisté de sept ministres responsables, gouverne avec deux chambres: l'une élective, celle des *députés*; l'autre héréditaire ou à vie, celle des *pairs*.

Productions Villes principales.

Pays de plages sablonneuses sur les côtes de l'Atlantique, de montagnes arides dans l'intérieur, arrosé par le *Minho*, le *Douro*, le *Mondego*, le *Tage* et la *Guadiana*, le Portugal est une région presque exclusivement *agricole* dont la *vigne* et les fruits, olives, *oranges*, etc. sont les principales productions. Bien peuplé dans le nord où la terre est cultivée avec soin, il présente, dans le sud, où les *forêts* sont la richesse principale, de vastes espaces stériles. Il ne renferme que *deux grandes villes*: *Lisbonne* et *Porto* qui sont en même temps les *deux grands ports* du pays et les seules où l'*industrie* ait une véritable activité.

Lisbonne ou *Lisboa*. 225,000 h. *Cap. du Portugal*. — Construite en amphithéâtre *sur la rive droite du Tage*, à l'endroit où ce fleuve qui vient de former un grand lac se rétrécit à 1850 m. pour disparaître 15 kil. plus loin dans la mer. — *Grande et belle ville* remarquable par ses monuments, malgré le fameux tremblement de terre de 1755 qui la détruisit presque entièrement. — *Port excellent*, accessible aux plus grands navires. Elle a dans ses environs :

Santarem. Sur le Tage. — *Sétubal* (13000 h.) 3e port du royaume. — *Abrantès*. Place forte. — *Pombal*: domaine du célèbre marquis de ce nom. — *Cintra*. Capitulation de Junot devant Wellington 1808.

Porto ou *O Porto*, c'est-à-dire *le port* (90,000 h.). — Sur le Douro, à 4 ou 5 kil. de la mer. — *Second port* du royaume, il est le principal *débouché de ses vins* et commerce surtout avec l'Angleterre et le Brésil.

Coïmbre. 18,000 h. — Célèbre par son université. — *Faro*, 9000 h. Sur l'Océan. — Exporte des oranges et des fruits secs.

Sagres. — Près du cap St-Vincent. — L'infant don Henri y fonda en 1416 une école navale d'où partirent les expéditions entreprises le long des côtes de l'Afrique. — *Lagos*. Combats navals en 1693, 1759 et 1797.

Colonies.

En Afrique: les îles du *Cap Vert*, *Bissagos*, *St-Thomas* et du *Prince*; les côtes du *Congo* et du *Mozambique*. — En Asie: *Goa*, *Diu* et *Macao*. — En Océanie, une partie de l'île de *Timor*. — En tout 1,824,800 kil. carrés; une population de 3,393,000 habitants.

Limites.

Au Nord : La chaîne des *Alpes* qui la sépare de la *France*, de la *Suisse* et de l'*Autriche*.
A l'Est : La mer *Adriatique* et le *canal d'Otrante*.
Au Sud : La mer *Ionienne* qui forme le golfe de *Tarente* et la mer *Méditerranée*.
A l'Ouest : La mer *Tyrrhénienne* qui forme les golfes de *Naples* et de *Gênes*.

Littoral.

La *côte occidentale* présente les golfes de *Gênes*, de *Gaëte*, de *Naples*, de *Salerne*, de *Ste-Eufémie*; les promontoires de *Piombino* et d'*Orbitello*. D'abord élevée et rocheuse le long du golfe de Gênes, elle est couverte, de l'embouchure de l'Arno au golfe de Naples par les maremmes et les marais Pontins, puis se relève au sud dans la Calabre. Les *maremmes* (pays maritime) s'étendent sur la côte de la Toscane : ce sont des landes marécageuses, malsaines et désertes, qui ont été formées par les dunes qui s'étendent le long du rivage et s'opposent à l'écoulement des eaux ; les exhalaisons de ces eaux qui se putréfient au soleil *(malaria)* empoisonnent l'air et font des maremmes un vrai désert. Les *marais Pontins*, ainsi nommés d'une ville qui n'existe plus, occupent dans les anciens États de l'Église, au sud du Tibre, une superficie de 18,000 hectares. Vingt-trois cités prospéraient jadis dans cette contrée, aujourd'hui déserte et mortelle, refuge de sangliers, de cerfs et de buffles à demi sauvages.

La *côte méridionale* présente le golfe de *Tarente* dont le fond est marécageux : les deux presqu'îles de Calabre et de Pouille, entre lesquelles il s'étend, ont des côtes élevées et se terminent par les caps *Spartivento* et *Leuca*.

La *Côte orientale*, baignée par l'Adriatique, est peu accidentée, en général basse et sablonneuse, excepté dans sa partie centrale, et souvent bordée de lagunes et de marécages (lagunes de Comacchio et de Venise). — Elle ne présente que le golfe de *Manfredonia* que domine le promontoire du *Mont Gargano*.

Iles.

Trois grandes îles. La *Corse*, possession française, mais dépendance physique de l'Italie, séparée de la *Sardaigne* par le détroit ou *Bouches de Bonifacio*, large de 12 kil.
La *Sicile* qu'un détroit d'environ 3 kil., le *Phare de Messine*, sépare de l'Italie.

Plusieurs petites îles et archipels. Sur les côtes de Toscane, l'île d'*Elbe*, importante par ses riches mines de fer. — Dans le golfe de Naples, les îles de *Procida*, d'*Ischia* et de *Capri* qui produisent des vins et des figues renommés. — Autour de la Sicile, trois archipels : au Nord, les îles *Eoliennes* ou de *Lipari* (Stromboli, Lipari, Vulcano) ; à l'Ouest, les îles *Egates* ou des chèvres ; au Sud, l'île de *Pantellaria* et le groupe anglais de *Malte* (Malte, cap. La Valette, Gozzo et Comino) important par sa position entre la Sicile et l'Afrique.

Superficie. 296,323 kil. carrés. — Soit près de 30 millions d'hectares.

Population, Religion.

27,482,000 habitants. — Soit 94 hab. au kil. carré. L'Italie est par suite un des états *les plus peuplés* de l'Europe. Si elle n'occupe que le sixième rang par sa population absolue, elle vient au *quatrième rang* par sa population relative qui est très dense, surtout dans la Lombardie et la Campanie.

Les Italiens forment une race assez homogène, parlent une seule langue, l'*italien*, qui est de souche latine, et professent en très grande majorité le *catholicisme*.

Les Montagnes.

On distingue en Italie *deux systèmes montagneux :* la chaîne des Alpes et celle des Apennins.

La 1re s'arrondit en demi-cercle autour de la **Haute Italie**. On appelle de ce nom la large et fertile plaine qu'arrosent le Pô et ses nombreux affluents : c'est la partie la plus riche et la plus peuplée du royaume.

La 2e traverse du nord au sud **l'Italie péninsulaire**, région hérissée de montagnes, couverte de volcans éteints, de lacs qui dorment au fond d'anciens cratères et, sur le bord de la mer, de terrasses fertiles, mais souvent aussi de plaines basses, marécageuses et malsaines.

1° Les Alpes. Elles s'étendent du *Col de Cadibone* ou *Mont Terglou* ; elles comprennent par suite les *Alpes Occidentales*, les *Alpes Centrales* et la plus grande partie des *Alpes Orientales*.
(Voir la géographie de la France, de la Suisse et de l'Autriche-Hongrie).

Les Montagnes (Fin).

Contreforts italiens des Alpes.

La chaîne des Alpes a sa pente la plus rapide du côté de l'Italie : elle y projette cependant quelques contreforts élevés.

1° Des Alpes occidentales se détachent plusieurs chaînes, en général assez courtes, qui séparent les affluents du Pô supérieur ; la principale renferme le massif du *Grand Paradis* (4120 m.) au Sud de la vallée d'Aoste.

2° Aux Alpes rhétiques se rattache le *massif de l'Ortler* (3900 m.) que traverse le *col de Stelvio* et dont le contrefort le plus important, les *Alpes de la Valteline* et du *Bergamasque*, sépare l'Adda de l'Oglio.

3° Aux Alpes Carniques, les *Alpes du Trentin* et les *Alpes cadoriques* qui séparent la Piave de l'Adige et du Tagliamento.

2° Les Apennins.

Les Apennins parcourent du Nord au Sud, sur une longueur de plus de 1000 kil., toute la péninsule italique dont ils sont en quelque sorte l'épine dorsale. Leur hauteur moyenne est de 1200 mètres. — Trois parties :

1° L'Apennin Septentrional. Il s'étend du *col de Cadibone* à la source du Tibre en formant une vaste courbe qui enveloppe le golfe de Gênes et la Toscane. — Son sommet culminant est le *Mont Cimone* (2126 m.) ; ses principaux cols sont ceux de la *Bocchetta* (chemin de fer de Gênes), de *Pontremoli* (Charles VIII en 1495), de *Pietra Mala*.

2° L'Apennin central. De la source du Tibre au *Mont Vellino* (2474 m.) — Il constitue la partie la plus large de l'Apennin (200 kil.) et renferme le *plateau des Abruzzes*, pays âpre, pauvre, déchiré par des ravins et des vallées sauvages, qui contient la montagne la plus élevée de toute la chaîne, le *Gran Sasso d'Italia* (2992 m.) — A l'Ouest, s'étendent plusieurs plateaux désignés sous le nom de *Sub Apennin Toscan* et de *Sub Apennin Romain*.

3° L'Apennin méridional. Il s'étend jusqu'à l'extrémité de l'Italie. Au *Mont Acuto*, il se partage en deux branches dont l'une va se terminer au cap Leuca et l'autre, plus abrupte, finit au cap Spartivento. — A l'ouest de la chaîne, le *Sub Apennin Vésuvien* entoure le *Vésuve*, volcan qui se dresse, isolé, au-dessus de Naples, à 1198 m. L'Apennin se prolonge en quelque sorte en Sicile où le volcan de l'*Etna* atteint 3310 mètres.

Les fleuves

Trois versants :

1° Mer Tyrrhénienne.

1° L'Arno 250 k. Né dans une région montagneuse, il arrose, dans la fertile plaine de Toscane, *Florence* et *Pise*.

2° *L'Ombrone*. — 3° **Le Tibre** (Tevere) 370 k. Coule du Nord au Sud à travers les gorges des Apennins, arrose *Rome* et sa campagne et se termine à *Ostie*. Il reçoit à droite la *Chiana* qui coule entre les lacs de Trasimène ou de Pérouse à l'Est, de *Bolsena* à l'Ouest ; à gauche le *Teverone* qui passe à Tivoli.

4° Le *Garigliano* 110 k. qui trav. les marais Pontins. 5° Le *Vulturne* 180 k. qui passe à Capoue.

2° M. Ionienne. Ne renferme que des torrents sans importance tels que le *Basiento* et le *Brandano*.

3° Mer Adriatique.

1° L'*Ofanto* 150 k. ; 2° Le *Sangro* 130 k. ; 3° La *Pescara* 140 k. ; 4° Le *Métaure* ; 5° Le *Rubicon*.

6° **Le Pô**, 660 k. — Le fleuve le *plus considérable* de l'Italie. Descendu du Mont Viso, il coule d'abord au Nord, puis de l'Ouest à l'Est à travers les fertiles plaines de la Lombardie et de la Vénétie, arrose Staffarde, *Turin*, Casal, *Plaisance*, *Crémone* et Guastalla, et forme un vaste delta marécageux au milieu duquel neuf bouches (dont deux seulement importantes) versent ses eaux à la mer. Les affluents qu'il reçoit sont :

- G. : 1° La Doire Ripaire. — Suse. 2° La Doire Baltée. — Aoste. 3° La Sesia. — Verceil. 4° Le *Tessin*. — Lac Majeur. — Pavie. 5° L'*Adda*. — Lac de Côme. — Lodi. 6° L'*Oglio*. — Lac d'Iseo. 6° Le *Mincio* — Lac de Garde. — Mantoue.
- D. : 1° Le *Tanaro*. — Alexandrie. 2° La Trébie. 3° Le Taro. 4° La Secchia. 5° Le Panaro.

7° **L'Adige**, 340 k. — Né dans les Alpes Rhétiques, autrichien par son cours supérieur, il traverse en Italie *Vérone*.

8° Le *Bacchiglione*. Arrose *Vicence* et *Padoue*.

9° La *Brenta*. — Passe à *Bassano*.

10° La *Piave*, 265 k. — *Bellune*.

11° Le *Tagliamento*, 180 k.

Formation territoriale.

Habitée pendant l'antiquité d'abord par les *Pélages*, puis par les *Etrusques* et les *Gaulois* et enfin par les *Grecs*, l'Italie tomba, après de longues guerres, au pouvoir des Romains. Après la chute de l'empire d'Occident (476) elle perdit son unité politique qu'elle n'a retrouvée que de nos jours. Après avoir passé sous la domination passagère des *Hérules* (476), des *Ostrogoths* (493) et des *Lombards* (568) et fait partie de l'*empire de Charlemagne* (774-887), elle se morcela en grands fiefs et forma pendant quelque temps un royaume particulier.

Le roi de Germanie, Otton Ier, s'étant couronné en 952 roi des Lombards, l'Italie fut soumise à la *domination allemande* dont elle ne parvint à s'affranchir qu'après de longues et sanglantes luttes. Pendant ce temps un certain nombre d'États s'étaient constitués dans la péninsule : au Nord, les républiques de *Venise*, de *Gênes* et de *Florence* qui brillèrent d'un vif éclat au moyen-âge ; au Sud, le *Royaume des Deux-Siciles*.

Au commencement des temps modernes, l'Italie fut le théâtre de *grandes guerres* provoquées par les prétentions des rois de France et des princes de la maison d'Autriche sur Milan et Naples. Ces derniers l'emportèrent : le Milanais et le Royaume des Deux-Siciles devinrent une dépendance de l'Espagne et plus tard de l'Autriche (1713). Au XVIIIe siècle se forma le *Royaume de Sardaigne* et une dynastie espagnole s'établit à *Naples*.

Les guerres de la révolution et de l'empire modifièrent profondément l'état de l'Italie ; la prépondérance en fut assurée à la France par le traité de *Campo-Formio* (1797) ; mais les traités de 1815 la rendirent à l'Autriche. Depuis cette époque, un des petits États de la péninsule, le *Royaume de Sardaigne*, a eu la gloire de rendre l'Italie à elle-même et à l'unité politique par la réunion en un seul état, le *Royaume d'Italie*, de toutes les anciennes provinces (1861).

Divisions politiques.

69 préfectures formées de dix anc. provinces.

Constitué en 1861 au profit de Victor-Emmanuel II, le royaume d'Italie a eu d'abord pour capitale *Turin* ; en 1864, *Florence* et en 1870 *Rome*.

Groupe du Nord.

- **1° L'Ancien Roy. de Sardaigne.** C. *Turin*. Il comprenait : 1° *Le Piémont*. 2° *La Rép. de Gênes*. 3° *La Sardaigne*. 4° *La Savoie et Nice*. — Les anciens *comtes* de Savoie, devenus *ducs* en 1416, obtinrent en 1713 le titre de rois de Sicile qu'ils échangèrent en 1720 contre celui de *rois de Sardaigne*. Leur royaume agrandi en 1815 de la *République de Gênes* a été amoindri en 1860 de la *Savoie* et de *Nice*.
- **2° La Lombardie** — C. *Milan*. Cédée par l'Autriche en 1859. (Traité de Zurich).
- **3° La Vénétie.** — C. *Venise*. » » en 1866. (Traité de Prague).
- **4° L'Emilie.** C. *Bologne*. Elle comprenait : 1° Les Duchés de *Parme*, *Plaisance* et *Modène*. 2° *La Romagne*. — Vota en 1859, son annexion au Piémont.

Groupe du Centre.

- **1° La Toscane** (Ancienne Rép. de Florence). — C. *Florence*.
- **2° Les Marches.** — Cap. *Ancône*.
- **3° L'Ombrie.** — Cap. *Pérouse*.

Votèrent en 1859, leur annexion au Piémont.

- **4° Les États pontificaux.** — Cap. *Rome*. — Occupés en 1870 par les troupes italiennes.

Groupe du Sud.

- **1° L'Ancien Roy. de Naples.** — C. *Naples*.
- **2° L'Ile de Sicile.** — C. *Palerme*.

Occupées en 1860 par Garibaldi et l'armée piémontaise, ces deux provinces votèrent la même année leur annexion au Piémont.

Remarque. — Le royaume d'Italie ne comprend pas encore la péninsule italique tout entière. Il lui manque : 1° Le *Tessin* (à la Suisse) ; 2° Le *Tyrol italien* et l'*Istrie* (à l'Autriche) ; 3° La *République de St-Marin* (8000 h.) encl. dans l'Emilie ; 4° La *Corse* (à la France) ; 5° Le groupe de *Malte* (à l'Angleterre).

Gouvernement

Monarchie *constitutionnelle* : trône héréditaire dans la maison de Savoie.

Le parlement italien se compose de deux chambres : l'une élective, celle des *députés* ; l'autre, dont les membres sont nommés à vie par le roi, le *Sénat*.

Capitale.

Rome. 245,000 h. — Sur le Tibre qui la divise en deux parties: *Rome*, sur la rive gauche et le *Transtévère* sur la rive droite. La ville *la plus célèbre du monde* par ses souvenirs et ses monuments: l'antiquité y est représentée par les ruines du *Colysée*, gigantesque amphithéâtre qui pouvait contenir 107,000 personnes, celles du *Panthéon* d'Aggrippa, du *Cirque* de Caracalla; les *arcs de triomphe* de Titus et de Constantin, la *colonne Trajane*, le *mausolée d'Adrien* devenu le *château St-Ange*; au christianisme primitif appartiennent les *catacombes*; au moyen-âge, plusieurs *basiliques* (St-Jean de Latran, etc.); à la Renaissance, le *Vatican*, résidence du pape, orné des chefs-d'œuvre de Michel Ange et de Raphaël; le *Quirinal*, palais du roi; de riches musées, de nombreuses villas; enfin la fameuse *basilique de St-Pierre*, la plus vaste du monde. (190 mètres de longueur sur 120 mètres de large).

1° L'ancien Royaume de Sardaigne.

Piémont.

Turin. 214,000 h. — Sur le Pô. Ancienne capitale du royaume d'Italie de 1861 à 1864. — Ville de *commerce et d'industrie*; gants, soieries, velours, draps, cuirs, armes; vermouth renommé. Grand commerce de soies grèges.

Casal. 28,000 h. — Ancienne capitale du Montferrat, occupe un des passages du Pô dont elle défend les abords.

Staffarde. Victoire de Catinat sur le duc de Savoie (1790). Est située sur le Pô supérieur.

Au Nord du Pô.
- *Pignerol.* 16,500 h. — Fut autrefois une place forte importante qui appartint à la France de 1630 à 1696. Dans sa citadelle furent enfermés le Masque de fer, Lauzun et Fouquet.
- *Suse.* Sur la Doire Ripaire, elle est la porte italienne du Mont Cenis.
- *Aoste.* Sur la Doire Baltée, dans l'une des plus belles vallées des Alpes.
- *Verceil.* Sur la Sésia. Victoire de Marius sur les Cimbres en 101 avant Jésus-Christ.
- *Palestro.* Combat de 1859. — *Novare.* Bataille de 1513 et 1849.

Au Sud du Pô.
- *Cérisolles.* Victoire de 1544. — *Cherasco.* Traité de 1631 et armistice de 1796. Sur le Tanaro.
- Alexandrie. 57,000 h. — Grande place forte sur le Tanaro. Centre de convergence de huit lignes de chemins de fer.
- *La Marsaille.* Victoire de 1793. — *Novi.* Défaite des Français par les Russes et mort de Joubert 1799.
- *Marengo.* Victoire de Bonaparte sur les Autrichiens et mort de Desaix 14 Juin 1800.

République de Gênes ou Ligurie.

Gênes. 163,000 h. — Construite en amphithéâtre sur le golfe qui porte son nom, Gênes, célèbre par ses palais de marbre, est le *premier port* et l'une des 1res *villes industrielles* de l'Italie. Son port fait près de 800 millions d'affaires par an. Pâtes alimentaires, soieries et velours, papiers, savons et huiles, métaux, poteries, parfums et essences, fleurs artificielles etc. Patrie de Christophe Colomb. Siège de 1800 (Masséna).

La Spezia. Port militaire, au fond d'une magnifique rade. — *Savone.* Captivité de Pie VII et patrie de Jules II.

Sardaigne.

Pays de montagnes granitiques, sans routes, sans industrie, mais riche en forêts, en mines de plomb, en pêcheries de corail, cette île, l'une des plus grandes de la Méditerranée, a pour capitale *Cagliari* 33,000 h. et *Sassari* pour ville principale.

2° Lombardie.

Milan. 262,000 h. — Capitale de la riche province de Lombardie couverte de moissons, de vergers et de vignes, Milan, l'une des cités les plus illustres du moyen-âge, est encore l'une des villes les plus importantes de l'Italie. Par sa *population*, elle n'est inférieure qu'à Naples; par son *commerce*, elle ne le cède qu'à Gênes; par son *industrie* elle égale ces deux villes; par ses *monuments* (théâtre de la Scala, admirable cathédrale), ses *musées*, ses *bibliothèques*, elle est l'une des plus belles villes de l'Europe. Capitale du royaume d'Italie de 1804 à 1814.

A l'Ouest de Milan.
- *Pavie.* 30,000 h. — Sur le Tessin. Ancienne capitale du royaume des Lombards, célèbre par son Université, l'une des plus anciennes de l'Europe et son couvent de la Chartreuse, le plus somptueux de l'Italie. Défaite de 1525.
- *Turbigo* et *Magenta.* Victoires des Français en 1859.

Au Nord.
- *Côme.* 24,000 h. — Un des centres de l'industrie des soieries. Patrie des deux Pline et de Volta.
- *La Bicoque.* Défaite de 1522. — *Monza.* Magnifique palais royal où l'on conserve la célèbre couronne de fer des rois lombards.

Au Sud.
- *Marignan.* Victoire de 1515. — *Lodi.* Sur l'Adda. Victoire de Bonaparte en 1796.

2° Lombardie (Fin).

A l'Est.
- *Bergame.* 37,000 h. — Fait un grand commerce de soie. Patrie de Donizetti. — *Agnadel.* Bataille de 1509.

Sur le Pô.
- *Crémone.* Place très forte, également importante par ses soieries. Défaite et captivité de Villeroi en 1702.

A l'Est du Mincio.
- *Brescia.* 89,000 h. — La ville des armes. Prise par Gaston de Foix en 1512.
- *Lonato, Castiglione.* Combats de 1796. — *Solférino.* Victoire des Français et des Sardes en 1859.

Sur le Mincio.
- *Mantoue.* 27,000 h. — Place très forte, dans une île du Mincio. Près de là naquit Virgile.

3° Emilie.

1° Romagne.
- **Bologne.** 116,000 h. — Chef-lieu de l'ancienne Romagne, l'un des centres de l'*industrie du lin et de la soie.* Ville universitaire aux monuments curieux, patrie de peintres renommés, le Guide, le Dominiquin, les deux Carrache, elle doit sa prospérité commerciale aux lignes de chemin de fer qui s'y croisent.
- *Ferrare.* 72,000 h. — Ancienne capitale de la maison d'Este. Patrie de l'Arioste.
- *Rimini.* 34,000 h. — Sur l'Adriatique.
- *Ravenne.* 60,000 h. — Fut la capitale des derniers empereurs d'Occident, du roi Théodoric et le siège d'un exarchat.

2° Duché de Parme.
- *Parme.* 46,000 h. — Ancienne résidence princière, elle a dans ses églises les merveilleuses fresques du Corrège.
- *Plaisance.* 35,000 h. — Place forte au confluent de la Trébie sur les bords de laquelle Annibal défit les Romains (218).

3° Duché de Modène.
- *Modène.* 52,000 h. — Place forte sur la Secchia. A dans ses environs *La Mirandole.*
- *Reggio.* 51,000 h. — Patrie du Corrège. Au sud, est le vieux château de *Canossa* (la comtesse Mathilde).
- *Guastalla.* 10,000 h. — Sur le Pô. Victoire des Français sur les Autrichiens en 1735.

4° Vénétie.

Venise. (Venezia) 129,000 h. — Construite dans *les lagunes* de l'Adriatique, sur un grand nombre d'îlots, coupés en tout sens par des canaux, Venise fut autrefois le 1er port de la Méditerranée. Trieste a hérité de sa prospérité commerciale, mais la « reine de l'Adriatique » a conservé son aspect étrange et séduisant, ses nombreux palais, ses monuments fameux (*Palais des Doges, Place St-Marc*, etc.), les admirables toiles de ses grands maîtres, *Titien, Tintoret, Véronèse.* Elle est aujourd'hui rattachée au continent par un pont de 222 arches et de 3,000 mètres de longueur. Les glaces, les verreries, les dentelles, etc., sont les principaux produits de son industrie.

A l'Ouest.
- *Vérone.* 67,000 h. — Puissante cité militaire sur l'Adige et l'une des plus célèbres villes de l'Italie.
- *Legnago.* 1300 h. — Puissante cité militaire. Forme avec Mantoue, Peschiera et Vérone, un fameux *quadrilatère* stratégique.
- *Caldiero, Arcole, Rivoli.* Victoires de Bonaparte en 1796 et 1797. — *Villafranca.* Préliminaires de la paix de Zurich.
- *Vicence.* 38,000 h. — Importante par ses manufactures de soieries. A l'Est, sur la Brenta, *Bassano* (1796).
- *Padoue.* 66,000 h. — Riche en monuments. Ville d'université et patrie de l'historien Tite-Live.

Au Centre.
- *Bellune.* 15,000 h. — Place forte dans la haute vallée de la Piave.
- *Trévise.* 28,000 h. — Dans ses environs sont nés Canova et le peintre Giorgione.

A l'Est.
- *Udine.* 30,000 h. — Soieries, lainages. — *Campo-Formio.* Traité de 1797 entre la France et l'Autriche.

5° Toscane.

Florence. (Firenze) 167,000 h. — Sur l'Arno, au milieu d'une belle et riche campagne, Florence, la ville la plus riche en chefs-d'œuvre de la Renaissance, la patrie des Médicis à qui elle doit sa splendeur, de Dante, de Michel-Ange, de Benvenuto Cellini, de Léonard de Vinci, de Machiavel, etc., a été pendant quelques années la capitale de l'Italie (1864-1870).

Pise. 50,000 h. — Aux bouches de l'Arno. Bien déchue de son importance. Tour penchée. Patrie de Galilée.

Livourne. 100,000 h. — Héritière commerciale de Pise et *troisième port* de l'Italie.

Sienne. 23,000 h. — Ancienne rivale de Florence par sa population et son industrie, elle ne l'est plus aujourd'hui que par la beauté de ses monuments. Elle est avec *Empoli*, le centre de la fabrication des fameuses pailles d'Italie.

Lucques. 68,000 h. — Capitale d'un ancien duché. — *Arezzo* 34,000 h. Patrie de Pétrarque. — *Carrare.* Célèbre par ses marbres blancs.

6° Les Marches

Ancône. 46,000 h. — Place forte, port militaire et de commerce sur l'Adriatique.

Pésaro. 20,000 h. — Sur l'Adriatique. Patrie de Rossini. — *Urbin.* Patrie de Raphaël.

Tolentino (1797). Traité entre le pape et la République française. — *Lorette.* Fameux sanctuaire de Notre Dame de Lorette.

Villes principales de l'Italie (Fin).

7° Ombrie.

Pérouse. 50,000 h. — Bâtie près du Tibre, elle est le siège d'une Université et la patrie du Pérugin. A l'Ouest est le lac *Trasimène* sur les bords duquel Annibal battit les Romains (217 avant Jésus-Christ).
Spolète. 20,000 h. — Remarquable par ses belles ruines antiques. — *Terni.* Patrie de l'historien Tacite.

8° Anciens États pontificaux.

Civita-Vecchia. Place forte et port sur la mer Tyrrhénienne.
Ostie. Port ensablé à l'embouchure du Tibre, n'a plus que 200 h. sur les 100,000 qu'il possédait à l'époque romaine.
Velletri et *Viterbe.* La première est la patrie de l'empereur Auguste.

9° Ancien Royaume de Naples.

Naples. (Napoli) 450,000 h. — Ancienne capitale du royaume des Deux Siciles, située dans la *Campanie* ou *Terre de Labour,* pays fertile entre tous et sans rival pour l'abondance et la variété de ses productions. Naples est la *ville la plus peuplée* de l'Italie et le *second port* du royaume. Ce n'est ni aux souvenirs de l'histoire, ni à l'antiquité de ses monuments, qu'elle doit sa beauté fameuse, mais à la douceur de son climat, et surtout à son admirable situation sur les bords du golfe le plus beau de la péninsule. L'industrie y a une certaine importance: tissus de soie; chapeaux de paille; pâtes alimentaires etc. Les environs sont remarquables: le *Vésuve,* les ruines de *Pompéie* et d'*Herculanum,* la grotte du *Pausilippe,* la grotte du *Chien, Portici, Pouzzoles,* etc.
Sorrente. Patrie du Tasse. — *Salerne.* Sur la mer Tyrrhénienne. — *Arpino.* Patrie de Cicéron et de Marius.
Capoue. 13,000 h. — Sur le Vulturne. Ville déchue. Ancienne capitale de la Campanie.

Calabre. *Reggio.* 36,000 h. — Sur le détroit de Messine. — *Catanzaro.* 25,000 h. — Sur la mer Ionienne. *Cosenza.* 16,000 h. — Où mourut Alaric en 410. — *Seminara.* Défaite des Français en 1503.

Basilicate. *Potenza.* 18,000 h. — Sur le Basiento. — *Venouse* (Venosa). Patrie du poëte Horace.

Pouille. *Tarente.* 27,500 h. — Colonie grecque, elle fut jadis l'une des villes les plus importantes de l'Italie. *Brindes* ou *Brindisi, Otrante, Barletta,* ports sur l'Adriatique.

10° Sicile.

Cette île, la plus belle et la plus grande de la Méditerranée, presque sauvage dans l'intérieur qui est montagneux, est couverte, sur la côte de magnifiques *vignobles,* de plantations d'orangers, d'oliviers, de mûriers, de cotonniers. Ses mines de *soufre et de sel gemme* donnent lieu à un commerce considérable.
Palerme. (Ancienne Panorme) 280,000 h. — Capitale de l'île, au fond du golfe du même nom. Cette belle ville rappelle le massacre des Vêpres Siciliennes (1282) et une victoire de Duquesne sur Ruyter (1676).
Messine. 120,000 h. — Sur le détroit du même nom. Est le *grand centre commercial* et le *premier port* de la Sicile.

A l'Est. *Catane.* 85,000 h. — 3° Ville de la Sicile. Exposée, comme Messine, aux éruptions de l'Etna, elle est également une ville de grande prospérité commerciale. Elle exporte presque toutes les denrées de l'intérieur de l'île.
Syracuse. 22,000 h. — Fut la 1re ville de la Sicile aux temps de Denis, de Hiéron, d'Agatocle et d'Archimède.

Au Sud. *Girgenti.* 20,000 h. — Ancienne Agrigente. Centre de l'exploitation du soufre.

A l'ouest. *Marsala.* 34,000 h. — Centre du commerce des vins. Descente en 1860 de Garibaldi et de ses *mille* volontaires.
Trapani. 33,000 h. — S'occupe activement de l'exploitation des salines, de la pêche du thon et du corail.

Résumé.

L'Italie renferme *onze villes* ayant une population supérieure à 100,000 âmes; la *capitale,* Rome; les trois *grands ports de commerce,* Gênes, Naples et Livourne; les *capitales* du royaume de *Sardaigne,* de la *Lombardie,* de l'*Émilie,* de la *Vénétie* et de la *Toscane* et les deux principales *villes de Sicile:* Palerme et Messine.
Le *commerce extérieur* dépasse 2 milliards 1/2: les soies grèges, les huiles, le soufre, le marbre, les pâtes alimentaires, les chapeaux de paille, les fromages, etc., sont les principaux objets d'exportation. La France occupe le 1er *rang* dans les échanges de l'Italie avec les autres contrées de l'Europe (5 à 600 millions).

Limites.	Au Nord.	Le *Danube* et le *Pruth* qui la séparent de la Russie; les *Carpathes;* les *Alpes de Transylvanie,* le *Danube* (des portes de fer à Belgrade), la *Save* et son affluent l'*Unna* qui la séparent de l'Autriche-Hongrie.
	A l'Ouest.	L'*Autriche-Hongrie* (Croatie et Dalmatie), l'*Adriatique,* le *canal d'Otrante* et la *mer Ionienne.*
	Au Sud.	La *Méditerranée,* l'*Archipel,* le détroit des *Dardanelles,* la mer de *Marmara* et le *Bosphore.*
	A l'Est.	La *Mer Noire* (côte occidentale jusqu'à la bouche supérieure du delta du Danube).
Littoral.	**Mer Noire**	Côte d'abord plate et sablonneuse, couverte de lagunes et de marécages, surtout dans la *Dobroudscha,* puis élevée et rocheuse. — Ile des *Serpents,* à l'Est du delta du Danube. — Golfe de *Bourgas.*
	Mer de Marmara.	La Mer Noire communique avec la mer de Marmara par le *Bosphore,* détroit de 27 kilomètres de long sur 1000 à 2000 mètres de large. — La mer de *Marmara* (ancienne Propontide) tire son nom de l'île de *Marmora,* ainsi appelée elle-même de ses carrières de marbre. — Elle renferme les *îles des Princes* renommées pour leurs bains de mer.
	Archipel.	On entre dans l'Archipel par le canal des *Dardanelles* (ancien Hellespont) large de 4 à 6 kil. et long de 50 kilomètres. — L'*Archipel* (mer Egée des anciens) présente sur la côte turque la longue presqu'île de *Gallipoli,* le golfe de *Saros,* la presqu'île de *Chalcidique,* terminée elle-même par trois presqu'îles étroites, entre les golfes d'*Orfani* et de *Salonique,* le golfe de *Volo;* sur la côte grecque, les golfes de *Zeitoun,* d'*Egine* et de *Nauplie;* la presqu'île de *Morée* (du slave *more,* pays maritime; ou de *murus,* pays des mûriers) que rattache au continent l'isthme de *Corinthe* (6 kilomètres) et qui se termine sur la Méditerranée par les trois caps *Malia, Matapan* et *Gallo* entre les golfes *Marathonisi* et *Coron.*
	Mers Ioniennes et Adriat.	On remarque les golfes d'*Arcadie,* de *Patras* et de *Lépante* à l'Ouest et au Nord de la Morée; le golfe d'*Arta* où finit la côte de la Grèce; le cap *Glossa,* sur le canal d'Otrante. A partir de ce point, le littoral est bas et marécageux.
Iles.		Dans l'Archipel les îles turques de *Thaso, Samotraki, Imbro* et *Lemno;* les îles grecques d'*Eubée* ou *Négrepont,* et les *Cyclades.* Dans la Méditerranée, la grande île turque de *Candie* (ancienne Crète) et l'île grecque de *Cérigo* ou *Cythère,* l'une des sept îles Ioniennes. Les six autres sont: *Zante, Céphalonie, Ithaque, Sainte-Maure, Paxo* et *Corfou.*
Superficie, Population, Races.		La superficie totale de la péninsule hellénique est d'environ *570,000 kilomètres carrés.* La population totale est d'environ *18 millions* d'habitants, qui n'appartiennent ni à la même race, ni à la même langue, ni à la même religion. La péninsule hellénique qui est un pays *mal peuplé* (car, plus grande que la France, elle n'a pas même la moitié de sa population) est en outre habitée par un grand nombre de races diverses. Les principales sont: les *Turcs,* les *Slaves,* les *Roumains,* les *Grecs,* les *Albanais,* les *Magyars,* etc.
Les Montagnes.		La péninsule hellénique est un *pays très montagneux;* ce n'est partout que chaînes de montagnes ou plateaux. Elle ne renferme, sans la Roumanie, que 550,000 hectares de plaines, moins que la superficie d'un département français. La partie centrale de la péninsule forme un *plateau* d'une élévation moyenne de 700 à 1000 mètres. Sillonné par des crêtes et coupé de ravins, de crevasses et de gorges profondes, il présente des sommets élevés dont le principal est le *Tchar-Dagh* (3080 mètres). De ce haut plateau, qui s'abaisse par des terrasses sur les régions qui l'entourent, se détachent *quatre grandes chaînes.*
	1° Au N.-E. Les Alpes Dinariques	Formées de chaînes et de terrasses parallèles, larges, élevées et difficiles, elles se prolongent sur une longueur de 600 kilomètres, en couvrant la Croatie turque, une partie de l'Herzégowine et la Dalmatie, jusqu'au point où commencent les alpes Juliennes. — Point culminant: *Mont Dinara* (1841 mètres).
	2° A l'Est **Les Monts Balkans.**	Les Monts Balkans (Mont Hœmus, des anciens), dont la hauteur est d'abord de 1600 à 1700 mètres, se composent de chaînons parallèles, séparés par des vallées longitudinales. Ils courent pendant environ 600 kilomètres dans la direction de l'Est jusqu'au cap *Emineh* où ils n'ont plus que 800 mètres, séparant le bassin du Danube des bassins de l'Archipel et de la mer de Marmara.

Montagnes et fleuves de la péninsule hellénique.

Les Montagnes (Fin).

3° A l'Est Le Despoto Dagh.

Le Despoto-Dagh c'est-à-dire les montagnes des Prêtres, à cause des nombreux couvents qui s'y trouvent, est le Mont *Rhodope* des anciens. Large de 50 kil., haut de 2200 à sa naissance, couvert, comme les Balkans, de pâturages et de forêts, il se dirige vers le S.-E. entre les vallées de la Maritza et du Karasou.

4° Au Sud Les Alpes helléniques.

Elles se détachent du plateau central au sud du lac d'Okrida et se dirigent du Nord au Sud en portant différents noms (*chaîne du Pinde*, entre la Thessalie et l'Epire). Un de leurs contreforts, le *massif de l'Olympe*, qui se dresse sur le golfe de Salonique, renferme le sommet le plus élevé de toute la péninsule (2972 m.); au Sud de ce massif, la chaîne des Monts *Ossa* et *Pélion* longe la côte et semble se continuer dans l'île Eubée et quelques unes des Cyclades. Un second contrefort, le Mont *Othrys* se dirige aussi à l'est en séparant la Thessalie de la Grèce.

Les Alpes Helléniques présentent en Grèce les sommets fameux de l'*Œta*, du *Parnasse*, du *Pentélique* et de l'*Hymette*. De l'Œta (2512 m.) se détache le contrefort qui se termine à l'est sur le célèbre *défilé des Thermopyles.*

On peut rattacher aux Alpes Helléniques le *plateau d'Arcadie* qui occupe la partie centrale de Péloponèse et projette, surtout au Sud, de nombreuses chaînes hautes et abruptes.

Les Fleuves

1° Versant de la Mer Noire.

Le **Danube** (Cours inférieur). — Est le *principal fleuve* de la péninsule. Il sépare, à partir de *Belgrade*, la Serbie de la Hongrie, franchit les portes de fer, coule entre la Bulgarie à droite et la Roumanie à gauche, dans une plaine large et marécageuse, se courbe vers le Nord, devient russe par sa rive gauche à partir du confluent du Pruth et, dans un pays formé par ses alluvions, parvient par trois bouches dans la mer: au Nord, celle de *Kilia* sur laquelle sont *Ismaïl* et *Kilia*; au centre, celle de *Sulina* que suit la navigation maritime; au Sud, celle de *St-Georges*.

Villes traversées. En Serbie: *Belgrade* et *Semendria.* — En Roumanie: *Giourjévo* et *Braïla.* En Bulgarie: *Widdin*, *Nicopoli*, *Sistova*. *Roustchouk*, *Silistrie*

Affluents de droite.

- 1° La *Save* 900 kil. Elle s'achève à Belgrade et reçoit à sa droite: l'*Unna*, la *Bosna* qui passe à Bosna-Séraï et la *Drina* qui sépare la Bosnie de la Serbie.
- 2° La *Morava*. (300 k.) Formée par la réunion des Morava serbe et bulgare.
- 3° Le *Timok*. Sépare la Serbie de la Bulgarie. — 4° L'*Isker*. Passe près de Sofia.

Affluents de gauche.

- 1° L'*Aluta* (455 k.) — Descend de Transylvanie et finit en face de Nicopoli.
- 2° La *Dimbovitza*. — Passe à Bukharest.
- 3° Le *Sereth* (500 k.) — Dont un petit affluent de droite, le *Milkow* sépare la Valachie de la Moldavie.
- 4° Le *Pruth* (600 k.) — Autrichien par son cours supérieur, il sépare par sa rive gauche la Russie de la Roumanie.

2° Versant de l'Archipel.

- 1° La *Maritza* 450 k. — Née dans le plateau central, elle arrose *Philippopoli* et *Andrinople*.
- 2° Le *Karasou* 170 k. — A son embouchure située en face de l'île de Thaso.
- 3° La *Strouma* 220 k. — Se jette dans le golfe d'Orfano.
- 4° et 5° — Le *Wardar* 350 k. et la *Wistritza*. — Se terminent dans le golfe de Salonique.
- 6° La *Salembria* ou *Pénée* 160 k. — Traverse la riche vallée de la Thessalie où elle arrose *Larissa* et coule ensuite, dans la *vallée de Tempé*, entre l'Olympe et l'Ossa.

3° Versant Mer Ionienne et Adriatique.

- 1° L'*Iri* ou *Eurotas*. — Arrose la Laconie et passe à Sparte.
- 2° Le *Roufia* ou *Alphée* 130 k. — Est le principal cours d'eau de la Morée.
- 3° L'*Aspropotamo* (Acheloüs). — 4° L'*Arta*. — 5° Le *Kalamas*. — 6° La *Voïoutza*. —
- 7° Le *Drin* 140 k. — 8° La *Narenta* 280 k. — Arrose *Mostar* dans l'Herzégovine et est autrichienne par son embouchure.

Divisions politiques de la péninsule hellénique.

Divisions politiques.

La péninsule hellénique a été, au point de vue politique, profondément modifiée par le traité de Berlin 1878.

Elle comprend **trois parties :**

- **1° La Turquie d'Europe.** Cap. Constantinople. trois groupes :
  - **1° Provinces turques.**
    - 1° *La Thrace.* C. Andrinople.
    - 2° *La Macédoine.* C. Salonique.
    - 3° *L'Albanie.* C. Scutari.
    - 4° *La Thessalie et l'Epire.* C. Larissa et Janina.
  - **2° P. vassale** : *La Bulgarie.* C. Sofia.
  - **3° Provinces autonomes**
    - 1° *Bosnie et Herzégovine.* — V. p. Bosna-Seraï et Mostar. Occupées par l'Autriche depuis 1878.
    - 2° *La Roumélie.* C. Philippopoli. A reçu en 1878 une administration particulière sous la garantie des grandes puissances.
    - 3° *La Crète.* C. Candie. A, depuis 1868, une constitution spéciale.
- **2° Les États Danubiens et le Montenegro.**
  - Caractère commun. — Anciens États tributaires de la Turquie, *ils sont devenus indépendants* par le traité de Berlin (1878).
  - 1° La *Serbie.* — C. Belgrade.
  - 2° La *Roumanie* ou *Principautés Unies de Moldavie et de Valachie.* — C. Bukharest.
  - 3° Le *Montenegro.* — C. Cettigne.
- **3° Le Roy. de Grèce** **C. Athènes.**
  - Divisé politiquement en 13 préfectures ou *nomarchies,* il se divise naturellement en *trois parties :*
  - 1° La *Hellade* ou Grèce continentale (Attique et Béotie, Phocide, Acarnanie et Etolie). Ville principale : Athènes.
  - 2° La *Morée* : Argolide et Corinthie, Achaïe et Elide, Messénie, Arcadie, Laconie. — V. princ. Nauplie, Patras, Sparte.
  - 3° Les *Iles.* — *Eubée,* C. Chalcis. — Les *Cyclades,* C. Hermopolis. — Les *îles Ioniennes,* C. Corfou.
  - Remarque. — Le traité de Berlin a garanti à la Grèce une rectification de frontière qui lui donnerait pour limites au Nord les vallées de la *Salembria* et du *Kalamas* avec les villes de *Larissa* et de *Janina.*

La Turquie d'Europe.

Population, Religion. — *8,700,000 h.* dont environ *5,000,000* pour les provinces turques : des habitants de ces dernières, deux millions et demi sont *musulmans* ; deux millions et demi sont *grecs schismatiques* et reconnaissent pour chef religieux le patriarche de Constantinople.

Gouvernement. — Le gouvernement est *absolu* de fait, bien que l'Empire ottoman ait reçu, depuis 1876, une constitution établissant un Sénat et une Chambre des députés. Le souverain porte le titre de *sultan* ou *padishah* ; le conseil des ministres prend le nom de *divan* et est présidé par le *Grand Vizir* ; la cour turque est désignée sous le nom de *Sublime-Porte.*

Formation territoriale. — Les pays qui appartiennent encore de fait ou de nom à la Turquie d'Europe furent au moyen-âge, le centre de l'*empire romain d'Orient* qui en conserva la possession jusqu'à l'invasion en Europe des Turcs Ottomans (fin du 14e et 15e siècle). Par la prise de Constantinople en 1453, le sultan *Mahomet II* mit fin à l'empire d'Orient.

La conquête de Belgrade et de l'île de Rhodes (1522) et le règne de Soliman le magnifique marquent l'apogée de l'Empire Ottoman, qui, à la fin du 16e siècle, possédait presque toute la Hongrie et les côtes de la Mer Noire ; mais la décadence commença dès la fin du 17e siècle. Menacé par ses voisins d'Autriche et de Russie et désorganisé par le despotisme et une mauvaise administration, l'empire ottoman a perdu successivement la *Hongrie,* la *Transylvanie,* la *Slavonie* et la *Dalmatie* (1699) ; les côtes de la *Mer Noire* (1792) ; la *Bukowine,* la *Bessarabie* (1812) ; la *Grèce* (1829). La dernière guerre contre les Russes lui a enlevé la *Roumanie,* la *Serbie* et le *Montenegro* et ne lui a laissé qu'une autorité nominale sur la Bulgarie, la Bosnie et l'Herzégovine et même la Roumélie. La décadence est aujourd'hui irrémédiable et la chute de la puissance des sultans en Europe paraît désormais bien prochaine.

Remarque. — La Turquie d'Europe n'est qu'une partie de l'*Empire ottoman* qui s'étend sur trois continents : l'*Europe,* l'*Asie* et l'*Afrique.* Malgré ses pertes récentes, il a encore une superficie de 5 millions de kil. carrés (soit la moitié de l'Europe).

Principaux États et principales villes de la Péninsule Hellénique.

La Capitale.

Constantinople. 600,000 h. — L'antique *Byzance* des Grecs et la *Stamboul* des Turcs occupe sur le Bosphore, qui la sépare de son faubourg asiatique de *Scutari*, la plus belle situation de l'univers. Ses maisons étagées en amphithéâtre et dominées par les minarets de 5400 mosquées, offrent un magnifique panorama, mais l'intérieur ne présente que des rues étroites, tortueuses, mal pavées, d'une malpropreté prodigieuse et des maisons chétives construites en bois. Aussi les incendies, la fièvre et la peste sont-ils fréquents dans cette ville, l'une des plus sales de l'Europe. Cependant le quartier grec de *Phanar* et les faubourgs de *Galata* et de *Péra* où résident les ambassadeurs et les Européens, cherchent, par leurs larges rues et leurs maisons en pierres, à se rapprocher des habitudes de l'Europe. Le port dit la *Corne d'Or*, long de 6 kilomètres, peut contenir plus de 1000 vaisseaux.

1° Provinces Turques.

1° Thrace.

Andrinople 150,000 h. — *l'Edirné* des Turcs. Sur la Maritza, dans une vallée fertile. Grand commerce de denrées agricoles. Comme la plupart des villes turques, elle est habitée par un mélange d'Ottomans, de Bulgares, d'Arméniens, de Grecs et de Juifs.

Rodosto. 20,000 h. — Port et place sur la mer de Marmara. — *Gallipoli.* 1re place occupée par les Turcs en Europe.

2° Macédoine.

Salonique. 70,000 h. — Grande ville commerçante (tapis, soieries, coton) et ***second port*** de la Turquie.

Sérès. 30,000 h. — Belle ville dans la plus riche plaine de la Turquie et centre de la ***culture du coton.***

Monastir 15,000 h. — Au pied des A. Helléniques. — *Ouskoup.* Sur le Wardar.

3° Albanie (Illyrie).

Pays montagneux, habité par une population rude et belliqueuse qui supporte difficilement le joug turc.

Scutari. 35,000 h. — Sur le lac du même nom. Fabrication d'armes.

Croïa. Ancienne capitale de Scanderberg, l'illustre chef des *Mirdites,* tribu presque indépendante de la Porte.

Durazzo. Port sur l'Adriatique. De là est sortie la maison de Duras qui régna sur Naples.

4° Thessalie et Épire.

Séparées par la chaîne du Pinde, ces deux provinces sont habitées par une population grecque.

Larissa. 26,000 h. — Place forte. — *Pharsale.* Célèbre par la victoire de César sur Pompée 48 avant Jésus-Christ.

Volo. Sur le golfe du même nom au pied du Pélion. Ces trois villes sont dans la Thessalie. En Épire:

Janina. Sur le lac du même nom. Fut la résidence du fameux Ali-Pacha. (1788-1822).

Arta. Ancienne résidence des rois d'Épire. — *Prévésa.* A l'entrée du golfe d'Arta. — *Parga.* Sur la mer Ionienne.

2° Province Vassale.

Bulgarie — Superficie 63,800 k. c. — Population 1,860,000 h. dont 680,000 musulmans.

Principauté vassale de la Turquie (1878) et régie par une dynastie héréditaire, elle doit son nom à un peuple d'origine asiatique qui y fonda au 6e siècle un empire détruit au 15e par les Turcs.

Sophia. 20,000 h. — Au pied des Balkans et près de l'Isker.

Roustchouk. 40,000 h. — *Widdin* et *Silistrie.* Places fortes sur le Danube. — ***Tirnova,*** l'ancienne capitale.

Plevna. Célèbre par l'héroïque résistance des Turcs en 1877. — *Choumla* 60,000 h. Clef des Balkans.

Varna. Sur la Mer Noire. Unie à Roustchouk par un chemin de fer. — *Nicopoli.* Victoire de Bajazet 1er (1396).

3° Provinces Autonomes.

1° Bosnie et Herzégovine.

Occupées et administrées par l'Autriche, tout en restant nominalement sous la souveraineté du Sultan.

Superficie 52,000 kilomètres carrés. — Population 1,090,000 habitants bosniaques, serbes et turcs dont 670,000 chrétiens.

Bosna-Seraï ou *Sérajévo.* 50,000 h. — Grande ville commerçante. Armes, orfèvrerie, étoffes.

Mostar. 10,000 h. — En Herzégovine. Fabrication d'armes damasquinées.

2° Roumélie.

Elle a depuis 1878 une organisation particulière. — Population 750,000 habitants, Grecs, Bulgares et Turcs.

Philippopoli. Sur la Maritza. Doit son nom à Ph. de Macédoine. — *Bourgas.* Sur la Mer Noire.

3° Ile de Crète.

Cette île, presque entièrement grecque, renferme environ 220,000 habitants. — Beaux pâturages. Forêts d'oliviers.

Candie. Capitale de l'île. Prise par les Turcs sur les Vénitiens après un siège fameux (1699). — *La Canée* Port principal.

La Serbie — 48,000 kil. carrés.

Pays montagneux, arrosé par la *Morava* et le Timok, riche en bestiaux, mines et forêts, peuplé de 1,720,000 habitants, presque tous slaves d'origine et grecs de religion, la Serbie, conquise par les Turcs en 1459, fut déclarée indépendante en 1829 par le traité d'Andrinople. Ses princes héréditaires ont été affranchis en 1878 du tribut qu'ils payaient à la Turquie.

La Serbie.

Belgrade. 30,000 h. — Capitale de la Serbie. Place très forte au confluent de la Save. Sièges de 1456 et de 1522.

Kragujewatz. Ancienne capitale. — *Nisch* ou *Nissava.* Dans la Serbie turque dont la Serbie s'est agrandie en 1878.

La Roumanie. — Superficie 130,000 k. carrés. — Population 5,500,000 h. — Langue néo-latine — Religion grecque

Ancienne province de *Dacie,* constituée par l'empereur Trajan vers 105 après Jésus-Christ, la Roumanie tomba successivement, à l'époque des invasions, au pouvoir des Goths, des Huns, des Avares, des Bulgares. Au 13e siècle, les Roumains, rejetons des anciens colons de l'époque romaine, descendirent de leurs montagnes et reconquirent le pays; mais, après la prise de Constantinople, ils durent reconnaître la souveraineté des Turcs. Constituées en 1856 sous la garantie des grandes puissances et réunies définitivement depuis 1866 sous le nom de *Roumanie,* les principautés de Moldavie et de Valachie sont devenues indépendantes depuis 1878. Elles ont été agrandies de la *Dobroudscha* (entre le Danube et la mer Noire), mais ont dû céder à la Russie la *Bessarabie roumaine.* (Sur la rive gauche du Pruth et du Danube). Les *céréales,* les *bois* et les *bestiaux* sont les principales richesses de la Roumanie, grande plaine que dominent les *cimes* boisées des Carpathes et qui s'abaisse par des pentes douces vers le Danube, sa frontière méridionale jusqu'à Silistrie.

Bukharest 220,000 h. — Capitale de la Roumanie. Grande ville irrégulièrement bâtie « qui mêle quelques maisons élégantes et beaucoup de clochers aux chaumières de ses rues que la pluie fait fange et que le soleil poudre. »

Iassy 90,000 h. — Sur un petit affluent du Pruth. — *Galatz* 80,000 h. et *Braila.* Sur le cours inférieur du Danube. Grande exportation de blés.

Giurgevo 20,000 h. — Sur le Danube en face de Roustchouk. — *Craiova, Ploïesti, Tergovist.* A l'intérieur. Le *gouvernement* appartient à un prince héréditaire et à deux assemblées: Sénat et Chambre des députés.

Le Montenegro — 220,000 h.

Dans le dialecte slave du pays, *Tchernagora,* montagne noire. Ainsi appelé par les Vénitiens, peut être à cause des anciennes forêts de sapins qui couvraient autrefois ses montagnes aujourd'hui dépouillées, ce petit pays, gouverné par un prince héréditaire et un sénat, est habité par une population belliqueuse qui n'a jamais été soumise que de nom aux Turcs. Le principal bourg est *Cettigne;* le port d'*Antivari* a été cédé au Montenegro en 1878.

Le Royaume de Grèce. — Superficie 50,000 k. carrés. — Population 1,600,000 h. — Langue grecque — Religion grecque

La Grèce, un des berceaux de la civilisation, fut d'abord vaincue par les Macédoniens, puis réduite par les Romains en province romaine (146 avant Jésus Christ). Elle partagea jusqu'au 13e siècle les destinées de l'Empire, fut alors conquise en partie par les Vénitiens ou des seigneurs d'origine française, puis tomba au 15e siècle sous la domination des Turcs dont elle s'est affranchie depuis 1821-29 pour former le *royaume de Grèce* auquel l'Angleterre a cédé, en 1863, son protectorat sur les îles Ioniennes qu'elle exerçait depuis 1815. — Le *froment,* le *maïs,* les *raisins secs,* le *vin,* l'*olivier,* le *mûrier,* le *figuier,* etc., sont les produits principaux de la Grèce dont le sol est presque entièrement montagneux.

Le *gouvernement* est une monarchie constitutionnelle avec une seule chambre législative.

1° Hellade.

Athènes. 48,000 h. — Capitale du royaume. Est surtout importante par les souvenirs et les débris du passé: Acropole, Propylées, Parthénon, Tour des Vents, etc. — Elle a pour port *le Pirée* (10,000 h.) à 7 kilomètres de la ville.

Thèbes. 7000 h. — Patrie d'Epaminondas et de Pélopidas. — *Livadia* 12,000 h. Capitale pendant la domination turque.

Lépante. Défaite navale des Turcs en 1571. — *Missolonghi.* Siège fameux de 1826. — *Lamia.* 10,000 habitants.

2° Morée.

Argos et *Corinthe.* Avec leurs ruines antiques. — *Patras.* 26,000 h. Sur le golfe de son nom.

Navarin Victoire navale des flottes russe, anglaise et française sur la flotte turco-égyptienne en 1827.

Calamata. Sur le golfe de Coron. — *Tripolitza.* Sur le plateau d'Arcadie.

Sparte. 10,800 h. — A 4 kilomètres des ruines de la fameuse république du même nom.

3° Les Iles.

Dans l'île *Eubée* ou *Négrepont,* renommé par ses excellents pâturages: *Chalcis* 15,000 habitants. Sur le détroit de l'Euripe.

Dans les *Cyclades* (îles disposées en cercle): *Hermopolis* 21,000 h., dans l'île de *Syra,* est le port le plus fréquenté de toute la Grèce: exportation de soie et de grains. Des autres îles, les plus connues sont: *Naxos,* la plus grande de toutes; *Paros,* célèbre par ses marbres; *Antiparos,* par ses grottes; *Délos,* où l'on fait naître Apollon; *Milo,* etc.

Dans les îles *Ioniennes: Corfou* 24,000 h. Bon port. — *Zante* 20,000 h. Dans l'île du même nom.

4° Groupe de l'Est.

Limites.

Au Nord. L'**Océan Glacial.** Il forme les golfes de la *Kara*, de *Tchesk* et la *mer Blanche* et baigne les îles de la *nouvelle Zemble*, de *Waïgatch* et de *Kalgouef*. La 1re, qui est la partie insulaire la plus étendue de l'Europe, se compose de trois grandes îles recouvertes de mousses: les Russes et les Norvégiens vont y chasser la loutre, le renard bleu, l'hermine et l'ours blanc. Le littoral de l'ouest Glacial est plat et marécageux; la mer y est gelée de septembre à juin.

A l'Ouest. La **Norvège** et la **Suède** dont elle est séparée par la *Tana* et la *Tornéa*.

La **Mer Baltique.** Elle forme les grands golfes de *Bothnie*, de *Finlande* et de *Riga* et renferme les archipels d'*Aland* et d'*Abo*, les îles *Dago* et *Œsel*. Littoral bas et bordé d'un grand nombre d'îles, d'îlôts et de rochers.

La **Prusse,** l'**Autriche-Hongrie** et la **Roumanie** dont elle est séparée par une ligne presque entièrement conventionnelle qui part de la Baltique un peu au-dessous de *Polangen*, coupe le Niemen, puis la Vistule au-dessus de *Thorn* et une seconde fois au-dessus de *Sandomir*, le Dniester et va atteindre le Pruth.

Au Sud. La **Mer Noire** qui renferme la presqu'île de *Crimée* rattachée au continent par l'isthme de *Pérékop* et forme la mer d'*Azof* dans laquelle on entre par le détroit d'*Iénikalé*. — **Le Caucase.**

A l'Est. La **Mer Caspienne,** le **Fleuve Oural,** les **Monts Oural.**

Aspect général.

Dans toute son étendue, la Russie ne se compose que d'une *vaste plaine* d'aspect monotone, à peine sillonnée par des collines ou des dos de pays d'une altitude de 80 mètres au-dessus de la plaine. D'une longueur de 2500 kilomètres nord au sud, et d'une largeur de 2000 kilomètres de l'ouest à l'est, cette plaine, la plus grande qui soit habitée, présente *trois grandes zones:*

1° *Entre la Mer Glaciale et les Monts Uvalli.* — Les plaines polaires, couvertes au nord de marécages appelés *Toundras;* au sud, de vastes forêts de sapins, pins et bouleaux et présentant à l'ouest un plateau granitique semé de lacs (Saïma, Ladoga, etc.).

2° *Au centre.* — Des terres très fertiles alternant avec les forêts. A l'ouest est le grand marais de *Pinsk* (800 kilomètres de longueur).

3° *Au sud.* — On distingue d'abord la *région des Terres noires* (bassin du Dniester, bassin supérieur du Dniéper et Don, bassin moyen du Volga): c'est la terre promise de la Russie par les belles moissons et les riches cultures industrielles, lin, tabac, betterave, colza, qui la couvrent. Sur le littoral de la mer Noire, de la mer d'Azof et de la mer Caspienne, la fertile Crimée exceptée, est la *région des steppes,* coupée par le Don. A l'Ouest, des plaines unies, bien arrosées, et animées par d'immenses troupeaux de bœufs, de moutons et de chevaux; à l'est, des plaines sablonneuses et désolées, entrecoupées de lacs salés, de marais et parcourues par les hordes nomades des Kalmouks et des Cosaques, célèbres dompteurs de chevaux.

Superficie, Population.

5,642,000 k. carrés. — Soit plus de la *moitié* de la superficie de l'Europe qui est de *10 millions* de k. carrés.

75 millions d'habitants. — Soit à peine le *quart* de la population de l'Europe qui est de *310 millions* d'habitants. Trois races: *Slave* à l'ouest, au centre et au sud; *Finnoise* au nord; *Mongolique* à l'est.

Religion.

Religion *grecque schismatique* dont l'empereur est le chef. — Le *catholicisme* en Pologne; le *protestantisme* en Finlande; la religion *musulmane* chez les Tartares de la Crimée; le *judaïsme* (3 millions).

Les Montagnes.

On distingue deux longues chaînes de montagnes, l'*Oural* et le *Caucase*, qui séparent la Russie de l'Asie et les *collines* ou *dos de pays*, souvent à peine sensibles, qui se détachent du *plateau de Valdaï*.

1° L'Oural. Il se dirige du nord au sud sur une longueur de 2000 kilomètres et sur une largeur moyenne de 200 kilomètres au sud, de 80 à 100 au nord. Généralement *peu élevé*, surtout au centre, où les communications sont faciles entre la Russie et la Sibérie, l'Oural, dont les pentes sont couvertes d'épaisses forêts, a une grande importance à cause de ses *richesses minéralogiques:* cuivre, fer, platine et or. — Principal sommet: *Mont Iremel* 1545 mètres.

2° Le Caucase. Large massif de 1100 kil. de longueur et de 100 à 350 kil. de largeur du nord au sud. Très élevé dans sa partie centrale où sont l'*Elbrouz* (5009 mètres) et le *Kasbek* (4710 mètres), que couvrent des neiges éternelles, il présente sur son versant nord une série de gradins, recouverts de forêts touffues dans la partie moyenne, d'admirables pâturages alpestres dans la partie supérieure et profondément déchirés par de nombreux ravins. Le principal passage, le *défilé de Dariel* (anciennes portes caucasiennes) s'ouvre au centre de la chaîne.

Les Montagnes (fin). — **3° Le plateau de Valdaï.**

De ce plateau marécageux, qui forme la plus haute élévation de la Russie centrale, quoiqu'elle n'atteigne pas 300 mètres, mais qui donne cependant naissance à de grands fleuves, la Dwina, le Volga et le Dniéper, se détachent *quatre chaînes de collines ou dos de pays:*

1° Au nord-est. Les *Monts Uvalli* et *Chemokonski,* série de collines et d'ondulations qui se rattachent à l'Oural.

2° Au nord-ouest. Les *Monts Olonetz.* — Collines granitiques, hautes de 100 à 200 mètres qui se rattachent aux alpes Scandinaves.

3° Au sud-ouest. Les *collines de Pologne.* — 4° Au sud-est. Les *collines entre Don et Volga* qui finissent dans les steppes.

Les Cours d'Eau.

1° Versant de l'Oc. Glacial.

Il est arrosé par de grands fleuves errant à travers d'immenses plaines désertes et glacées:
1° La **Petchora.** 1300 kil. Tributaire de l'océan Glacial.
2° Le *Mézen.* — 3° La *Dwina du nord* 720 kil. qui arrose Arkangel. — 4° L'*Onéga.* Tributaires de la mer Blanche.

2° Versant de la Baltique.

1° La *Néva.* 75 kil. — Elle baigne St-Pétersbourg et verse dans le golfe de Finlande les eaux de quatre des plus grands lacs de l'Europe: Ladoga, Onéga, Ilmen et Saïma.
2° La **Dwina.** 750 k. — Baigne Vitebsk et se jette à Riga dans le golfe de Livonie.
3° Le **Niemen.** 830 kil. — Arrose Grodno et Kovno.
4° La **Vistule.** 1000 k. — Russe par son cours moyen, elle arrose Varsovie et reçoit à droite la *San* et le *Boug.*

3° Versant de la Mer Noire.

1° Le **Dniester.** 1550 kil. — Né dans les Carpathes, il baigne Bender et Akerman. — 2° Le *Boug.* Se jette à l'est d'Odessa.
3° Le **Dniéper.** 2310 kil. — Le Borysthène des anciens. Un des *trois plus grands fleuves* de l'Europe. Descendu du plateau de Valdaï, il coule vers le sud en arrosant Smolensk, Mohilev, Kiev, Iékatérinoslav où il forme 15 rapides ou cataractes, traverse la fertile plaine de l'Ukraine, puis se replie au sud-ouest et finit à Kherson. — Affluents. D. La *Bérézina,* célèbre par la retraite de 1812 et le *Pripet* (Marais de Pinsk). — G. La *Desna.*
4° Le **Don.** 1270 kil. — Le Tanaïs des anciens. Coule entre des rives plates et marécageuses, reçoit à droite le *Donetz,* à gauche le *Manytch* et se termine à l'extrémité de la mer d'Azof. — 5° Le *Kouban* 600 kil. — Venu du Mont Elbrouz.

4° Versant de la Mer Caspienne.

1° Le **Volga.** 3960 kil. — Le *plus grand fleuve* de l'Europe. Prend sa source au plateau de Valdaï, passe à Tver où il porte les bâteaux à vapeur, coule vers l'est en arrosant Nijni-Novgorod où il reçoit l'*Oka,* arrive à Kasan, puis tourne vers le sud, s'étale dans un très large lit semé d'îles innombrables, baigne Saratov et va, avec la direction du sud-est, se jeter par près de 72 bouches dans le dédale des îles bourbeuses de la Caspienne. — Affluents. G. La *Kama* 1250 kil. Elle passe à Perm. — D. L'*Oka* grossie de la *Moskova* qui passe à Moscou.
2° L'**Oural.** 1500 kil. — Venu du Mont Iremel par Orenbourg, il sépare l'Europe de l'Asie à travers les steppes des Kirghiz.

Formation territoriale.

Désignée par les anciens, dans sa partie méridionale, sous le nom de *Scythie* et de *Sarmatie,* la Russie fut la grande route de toutes les invasions qui vinrent tour à tour peupler ou dévaster l'Europe. Les *Slaves* s'y fixèrent à l'ouest pendant que les *Finnois* s'établissaient au nord et au centre. Vers la fin du 9e siècle, après que le midi eût été successivement occupé par les Huns, les Avares, les Bulgares et les Hongrois, un grand nombre de *principautés* se fondèrent sous la suzeraineté des descendants du scandinave *Rurik* qui, à la tête de ses Normands Warègues, avait conquis, vers 862, une partie de la Russie. Attaquées par les *Mongols* (1223), ces principautés restèrent tributaires du Khan de la Horde d'or jusqu'en 1481, année où *Ivan III,* czar de Moscou, affranchit son pays.

A cette période de gloire succéda une longue période d'anarchie et de démembrement qui ne prit fin qu'avec l'avènement de la dynastie des *Romanov* (1613). Son plus illustre souverain, *Pierre le Grand* (1689-1725) fut le véritable créateur de la puissance russe: il agrandit la Russie aux dépens de la Suède, amoindrie d'une partie de ses provinces de la Baltique et fonda St-Pétersbourg 1703. *Catherine II* (1763-1796), continuatrice de Pierre Ier, réunit à son empire la *Crimée* et le *littoral de la mer Noire* jusqu'au Dniester et démembra à trois reprises le *Royaume de Pologne.*

Au XIXe siècle, les successeurs de ces deux grands souverains ont conquis la *Finlande,* la *Bessarabie,* achevé la conquête du *Caucase,* se sont avancés dans la *Perse,* ont soumis une grande partie du *Turkestan,* menaçant à la fois Constantinople, les Indes et la Chine.

Divisions politiques et principales Villes de la Russie d'Europe.

L'Empire russe. — La Russie d'Europe n'est qu'une partie du vaste *Empire russe* qui comprend *22 millions de kil. carrés* (soit plus de deux fois l'Europe, et la sixième partie des terres habitées), que peuplent *85 millions d'habitants* et qui se compose de quatre grandes parties : la *Russie d'Europe*, la *Transcaucasie*, l'*Asie centrale russe*, la *Sibérie et ses dépendances*.

La Russie d'Europe. Quatre grandes régions subdivisées en 72 gouvernements.

1° La Russie — 7 parties — 50 gouvern.

1° Au centre.	*La Grande Russie* ou *Moscovie.*	V. p. Moscou, Tver, Nijni-Novgorod.
2° Au nord.	*La Russie Septentrionale.*	V. p. Arkangel.
3° Sur la Baltique	*Les Provinces de la Baltique.*	V. p. St-Pétersbourg, Mittau, Riga, Revel
4° A l'Ouest.	*La Russie occid*[le] ou *P*[ces] *polonaises.*	V. p. Vilna, Kovno, Mohilev.
4° Au sud.	*La Petite Russie* ou *Ukraine.*	V. p. Kiev, Pultava.
6° Sur la M. Noire	*La Russie Méridionale.*	V. p. Ikatérinoslav, Nikolaïev, Odessa.
7° A l'est.	*La Russie Orientale.*	V. p. Perm, Orenbourg, Kazan, Astrakan.

2° **Le Royaume de Pologne.** — C. Varsovie. — 10 gouvernements.

3° **Le Grand Duché de Finlande.** V. p. Helsingfors, Abo. — 8 gouvernements.

4° **La Ciscaucasie** ou partie septentrionale de la **Lieutenance du Caucase**. — V. p. Stavropol, Derbent. — 1 gouvernement, 3 territoires.

Villes principales de la Russie d'Europe.

Capitale.

St-Pétersbourg, 700,000 h. — Sur la Néva, au fond du Golfe de Finlande. Création de Pierre le Grand qui lui a donné son nom, St-Pétersbourg est, par ses larges rues, ses grandes places, ses nombreux palais, ses belles églises, ses riches musées, l'une des plus belles villes de l'Europe. Elle est défendue par la citadelle de *Cronstadt*, construite par Pierre le Grand, sur un rocher du golfe.

1° Russie. 1° G[de] Russie ou Moscovie.

Moscou, 612,000 h. — Sur la Moskova. Une des plus grandes villes d'Europe (65 k. de tour) ; ancienne capitale de la Russie (1328 à 1703), elle est encore la *vraie cité russe*. Séjour préféré d'une grande partie de l'aristocratie, Moscou « la ville aux quarante fois quarante clochers » doit son aspect oriental aux coupoles peintes ou dorées de ses quatre cents églises. Elle renferme le monument national de la Russie, le *Kremlin*, ensemble prodigieux de forts et de palais. *Centre du grand district manufacturier* de l'Empire (draps, tissus de coton et de soie, cuirs, porcelaine, verrerie), elle est aussi *l'un des plus importants entrepôts* de son commerce. Elle rappelle l'incendie et la désastreuse retraite de 1812.

Tver. 30,000 h. — Sur le Volga. A la tête du système de canaux qui unit le Volga à la Baltique par la Néva et à la mer Blanche par la Dwina.

Nijni-Novgorod. 45,000 h. — Au confluent de l'Oka. — République fameuse au moyen-âge, elle est aujourd'hui renommée par *ses foires*, les plus célèbres de l'Orient, transportées à Nijni par Alexandre Ier. La ville compte à l'époque des foires, plus de 200,000 h. et il s'y fait un mouvement d'affaires qui dépasse 500 millions.

Orel. 44,000 h. — *Kalouga*, 30,000 h. — *Riazan*, 23,000 h. Sur l'Oka. Villes industrielles } Filatures, fonderies,
Toula. 58,000 h. — *Vladimir*, 15,000 h. — Dans le bassin de l'Oka. idem. } verreries, armes, etc.

Kostroma. 23,000 h. — Sur le Volga. — Fonderie de cloches ; savons. — *Rybinsk*, 20,000. — Sur la Volga. Grand entrepôt.

Smolensk. 23,000 h. — Sur le Dniéper. — Prise et brûlée par les Français, 1812.

2° Russie S[te]

Arkhangel. 25,000 h. — A l'embouchure de la Dwina du nord. — Principal port de la Russie sur la mer Blanche. Fermé par les glaces pendant huit mois de l'année. Commerce de bois, goudron, chanvre.

3° Provinces de la Baltique.

On appelle de ce nom les anciennes provinces d'*Ingrie* (St-Pétersbourg), *Esthonie et Livonie*, cédées par la Suède en 1721 ; de *Courlande*, prise à la Pologne en 1795 par le 3e et dernier partage de ce pays.

Revel. 27,000 h. — Capitale de l'Esthonie. — Port à l'entrée du Golfe de Finlande où se trouve aussi *Port Baltique*. Grand commerce de bétail, de grains, de lin, de chanvre.

3° Provinces de la Baltique. (Fin).

Riga. 102,000 h. — Cap. de la Livonie. Grande place forte et port de commerce important à l'embouchure de la Dwina. *Principal marché* des lins, des chanvres et des bois.

Dorpat. 21,000 h. — Université célèbre, la plus ancienne de la Russie, 1603.

Mittau. 25,000 h. — Cap. de la Courlande. Séjour de Louis XVIII de 1798 à 1807. — *Libau.* Le seul port qui ne gèle jamais.

4° La Russie occidentale.

Vilna. 64,000 h. — Ancienne capitale de la Lithuanie que s'annexa la Pologne en 1386 et que se partagèrent la Russie et la Prusse en 1795. — *Kovno.* 35,000 h. et *Grodno.* 25,000 h. Sur le Niemen.

Vitebsk. 30,000 h. — Place forte sur le Don. — *Mohilev*, 40,000 h. Sur le Dniéper. Importantes tanneries.

5° Petite Russie.

Kiev. 80,000 h. — *Sur le Dniéper.* Place forte et l'une des villes saintes des Russes.

Poltava. 32,000 h. — Victoire de Pierre-le-Grand sur le roi de Suède Charles XII en 1709.

Kharkow. 81,000 h. — Capitale de la fertile Ukraine. Foires considérables. Expédie à Moscou les produits de la Russie méridionale.

6° La Russie méridionale.

Conquise sur les Turcs de 1739 à 1812 et agrandie en 1878 de la Bessarabie roumaine.

Kichenev. 103,000 h. — Sorte d'immense village sur un affluent du Dniester. — *Bender.* 25,000 h. Séjour de Charles XII, 1709-1712.

Kilia et *Ismail.* — Sur le Danube. Ports cédés par la Roumanie en 1878.

Odessa. 190,000 h. — Sur la Mer Noire. Fondée par Catherine II, agrandie et embellie par le duc de Richelieu (1803-1814), cette ville est le *second port marchand* de la Russie : grande exportation de blés et de farines.

Kherson. 46,000 h. — Port déchu à l'embouchure du Dniéper. — *Nikolaïev.* 74,000 h. Sur le Boug. Grand port militaire.

Sébastopol. 10,000 h. — Port militaire relevé de ses ruines. Siége de 1855. Dans les environs, sont les champs de bataille de l'*Alma* (rivière) et d'*Inkermann.* — *Caffa* et *Kertch.* Ports de la Crimée.

Taganrog. 48,000 h. et *Rostov.* 44,000. — Ports sur la mer d'Azof. — *Ikatérinoslav.* 23,000 h. Draps pour les troupes.

7° Russie orientale.

Kazan. 60,000 h. — Près du Volga. — *Perm.* 23,000 h. Sur la Kama. Entrepôt du commerce avec la Sibérie et des établissements métallurgiques de l'Oural. — *Orenbourg.* 33,000 h. Sur l'Oural. Grand commerce avec l'Asie centrale.

Astrakan. 48,000 h. — Sur le delta du Volga. 1er port de la Caspienne. Pêches de l'esturgeon. Fourrures de peau d'agneau.

2° Le Royaume de Pologne.

Constitué dès le commencement du XIe siècle, le royaume de Pologne s'agrandit sous la dynastie des Jagellons (1386-1572) du Grand Duché de Lithuanie et devint l'État le plus puissant de l'Europe orientale ; mais il ne tarda pas à retomber dans l'anarchie et, à la fin du XVIIIe siècle, fut démembré à trois reprises par la Russie, la Prusse et l'Autriche.

Varsovie. 298,000 h. — Sur la Vistule. — Ancienne capitale de la Pologne, elle en est encore la première ville par le commerce et l'industrie.

Lublin. 21,000 h. au sud. *Kalisch.* 14,000 h. et *Lodz.* 34,000 h., à l'ouest. — Cette dernière possède de grandes manufactures de draps.

Pultusk. — Victoire des Français en 1806. — *Maciejovice.* Sur la Vistule. Défaite de Kosciusko.

3° Grand Duché de Finlande.

Comprend trois anciennes provinces conquises sur la Suède, la *Carélie* 1721 et 1743, la *Finlande* et *Bothnie* 1809.

Helsingfors. 32,000 h. — Port sur le Grand duché de Finlande. — *Abo.* 20,000 h. Port et place forte en face de l'archipel de son nom.

Nystadt. — Traité de 1721 avec la Suède.

4° Ciscaucasie.

Stavropol. 21,000 h. — Place forte, au centre du pays. — *Vladikavkas.* Forteresse. Unie au centre de la Russie par un chemin de fer qui doit pénétrer dans le défilé de Dariel. *Derbent.* Port fortifié sur la Caspienne.

La Russie compte *six grandes villes* ayant plus de 100,000 h. : la capitale actuelle, deux anciennes capitales (Moscou et Varsovie), son grand port marchand sur la mer Noire (Odessa), la principale ville de la Bessarabie (Kichenev), et le second port marchand de la Baltique (Riga).

Gouvernement.

Monarchie absolue, mais tempérée par l'influence de la noblesse et dont le chef porte le nom de *Czar*. Le Sénat n'est qu'une sorte de Conseil d'État et de haute Cour de Justice. La Finlande a une constitution particulière et une diète nationale.

Production Commerce.

Les *bois*, les *lins*, les *chanvres*, dans le nord ; les *graines oléagineuses*, les *céréales*, la *betterave*, dans le sud-ouest ; le *bétail* dans les steppes ; enfin les *mines* dans l'ouest sont les principales productions de la Russie. Son commerce dépasse *trois milliards et demi* ; il atteindrait un chiffre bien supérieur si la rudesse du climat, l'insuffisance des voies de communication, la pauvreté des populations n'entravaient pas les progrès de l'agriculture et de l'industrie.

5ᵉ Groupe du Nord. — Les États Scandinaves.

1° La Presqu'île Scandinave ou Royaumes de Suède et de Norvège.

Limites.

Longue de 1360 kil., et large de 640 kil., la péninsule scandinave est bornée par :

- **Au Nord.** **L'Océan Glacial.** Golfe de *Tana*, et dans l'île de Mageræ, le Cap *Nord*, haute falaise de 400 mètres.
- **A l'Ouest.** **L'Océan Atlantique** et la **Mer du Nord.** Ils baignent une côte découpée à l'infini par des *fiords* ou golfes très étroits qui pénètrent très avant dans l'intérieur des terres entre de hautes falaises couronnées de sapins et de pins. Cette côte est en outre parsemée d'un grand nombre d'îlots, de rochers et de grandes îles : au Nord, l'archipel *Loffoden* ; au centre, l'archipel de *Drontheim* ; au Sud, celui de *Bergen*.
- **Au Sud.** Les détroits du **Skager-Rack**, du **Cattégat** et du **Sund** qui la séparent du Danemark.
- **A l'Est.** La **Mer Baltique** qui renferme les îles suédoises de *Gottland* et d'*Œland* ; le golfe de **Bothnie** ; la **Tornéa** et la **Tana.**

Superficie.

762,000 kil. carrés (dont 445,000 pour la Suède et 317 pour la Norvège), soit deux cinquièmes de plus que la France. Les trois quarts de la superficie de la Suède sont couverts de *forêts*, de *pâturages* et de *montagnes* ; en Norvège, l'étendue des terres cultivées est à peine celle d'un département français.

Population. Religion.

6,290,000 h. (dont 4,490,000 pour la Suède et 1,800,000 pour la Norvège), soit à peine le sixième de la population de la France. Les habitants, à l'exception de 30,000 Laponais et Finnois, sont d'origine et de langue scandinaves. La religion de l'immense majorité est le *luthéranisme*.

Les Montagnes.

La péninsule scandinave est traversée dans toute sa longueur par la puissante chaîne des *Alpes Scandinaves*, Longues de 1700 kil. environ et larges de 400 kil., ces montagnes présentent une crête formée par des plateaux ondulés *(field)* qui ont quelquefois de 30 à 40 k. de largeur dans la partie méridionale sur 1200 mètres d'élévation et sont surmontés de distance en distance, par des pics coniques et neigeux. La pente occidentale ou norvégienne surplombe de très près, et souvent de très haut, l'Océan ; la pente orientale ou suédoise, au contraire, est beaucoup plus douce ; elle descend presque insensiblement sur la Baltique. Ces montagnes couvrant surtout la Norvège, il en résulte que la péninsule comprend deux régions bien distinctes : à l'Ouest, la région des *fiords*, c'est-à-dire la Norvège : à l'Est, la région des *elfs* (rivière), c'est-à-dire la Suède.

On divise généralement en trois parties les Alpes Scandinaves :

1° Au Nord. Les *Monts Kœlen.* — 2° Au centre. Les *Monts Dovrefield* ou *Dofrines* qui constituent la partie la plus élevée de la chaîne *(Mont Sneehœttan*, 2500 mètres) ; ils projettent au S.-E. un rameau qui va, à travers la Suède méridionale, se terminer au cap Falsterbo. — 3° Au Sud. Les *Monts Langfield* qui se prolongent dans la Norvège jusqu'au cap Lindesnœss.

Les Cours d'eau

Versant de l'Océan Glacial. La *Tana*. Elle sépare la Laponie russe de la Laponie norvégienne.

Versant de l'Atlantique et Mer du Nord

Le premier ne reçoit que des cours d'eau sans importance qui se jettent dans les fiords. La seconde ne reçoit que deux fleuves qui se jettent l'un et l'autre dans les détroits situés entre cette mer et la Baltique.

1° **Le Glommen**, 550 kil. Le premier fleuve de la presqu'île.

2° La *Gota*. Sortie du *lac Wener*, l'un des plus grands de l'Europe (10 fois l'étendue du Léman), elle se jette dans le Cattégat à Göteborg. Le lac Wener reçoit la *Clara* qui coule parallèlement au Glommen.

Versant de la Mer Baltique

1° *La Motala.* Petite rivière qui sort du *lac Wetter* et qui finit à Norkœping.

2° *L'Arboga* dont le *lac Mœlar*, où se déverse le lac *Hielmar*, semble être l'estuaire.

3° **Le Dal**, 462 kil. Second fleuve de la péninsule, il est remarquable par ses cascades.

4° *L'Indals.* — 5° *L'Angerman.* Seul fleuve qui soit navigable jusqu'à une certaine distance de son embouchure.

6° *L'Uméa.* Il marque la limite extrême de la culture des arbres fruitiers.

7° *La Luléa.* — 8° *La Tornéa* qui, avec son affluent, le *Muonio*, sépare la Suède de la Russie.

Formation territoriale.

La Scandinavie, à peine connue des anciens, fut habitée d'abord par des peuples d'origine finnoise, puis par les Goths qui, sous le nom de *Normands*, désolèrent l'Europe au IXᵉ et au Xᵉ siècle. Au siècle suivant, ils embrassèrent le christianisme et formèrent plusieurs petits royaumes qui furent réduits à deux, la Suède et la Norvège et un moment réunis au Danemark en 1397.

Formation territoriale. (Fin).

La Suède reconquit son indépendance en 1523 avec *Gustave Wasa*, et adopta la réforme luthérienne; elle joua un rôle important dans la guerre de trente ans avec *Gustave-Adolphe*, et devint, par ses conquêtes sur les bords de la Baltique (Ingrie, Livonie, Poméranie), l'Etat le plus puissant du nord de l'Europe. Sa décadence commença avec Charles XII (1697-1718); vaincue par la Russie et la Prusse, elle se vit contrainte de renoncer à ses possessions extérieures. Les traités de 1815 lui donnèrent en échange la Norwège enlevée au Danemark.

Gouvernement.

Monarchie constitutionnelle. — Les deux royaumes, quoique gouvernés par la même dynastie, ont une constitution différente. En Suède, le pouvoir législatif est exercé par deux chambres: le *Landsting* (sénat), élu par les conseils provinciaux; le *Wölksting*, élu par les villes et les campagnes. En Norwège, le parlement (*Storthing*), comprend deux chambres: l'une, élue à deux degrés par le peuple, choisit dans son sein les membres d'une chambre haute.

Divisions politiques. — 1° La Suède. — Trois régions.

1° Au Nord **Norrland.**

Région de *bois* et de *rochers* dont les rares habitants subsistent avec les produits de la *chasse* et de la *pêche*. *Lulea, Umea, Hermösand*, petite place forte de 8000 h., sont les principales villes de cette région.

2° Au centre **Svealand** ou **Suède propre.**

Doit son nom aux *Svéons*, ancêtres des Suédois. Est la région des *forêts* et des *mines* (fer et cuivre) qui sont les deux richesses principales de la Scandinavie. Pour les forêts, elle est le *second pays de l'Europe* après la Russie; elles occupent le tiers de la presqu'île et ont amené l'établissement de plus de 3000 scieries.

Stockholm, 166,000 h. — Capitale de la Suède, sur la Baltique, à l'entrée du lac Mœlar, dont elle borde le rivage et occupe quelques-unes des 1200 à 1300 îles. D'où son surnom de *Venise du nord*.

Gefle, 13,000 h. — Port commerçant. — *Falun*, 5,000 h. — Centre de l'industrie métallurgique.

Upsala, 13,000 h. — Près du lac Mœlar. Ancienne capitale de la Suède. Université et archevêché.

Westeras, 4,000 h. — A l'est du lac Mœlar. Diète où la couronne fut déclarée héréditaire dans la famille de Wasa.

3° Au Sud **Gotland** ou **Gothie.**

Ainsi nommée des *Goths*, ses anciens habitants. Est la partie la plus fertile de la péninsule dont elle est la *région agricole* (céréales) comme la précédente en est la *région métallurgique*.

Norkæping, 26,000 h. — Centre de l'industrie des draps. — *Calmar*, 12,000 h. — En face de l'île d'Œland. Union de 1397.

Carlscrona, 16,000 h. — Dans une petite île de la Baltique. Premier port militaire du royaume.

Malmœ, 32,000 h. — Sur le Sund, en face de Copenhague. Port et place forte.

Gothembourg, 66,000 h. — Sur le Cattégat, à l'embouchure de la Gotha. Seconde ville du royaume. Port militaire et arsenal, port de commerce.

Wisby, 5,000 h. — Capitale de l'île de Gotland, elle est, avec ses maisons vieilles de plusieurs siècles, un modèle achevé du moyen-âge. Elle fut jadis la seconde des villes hanséatiques du nord, après Lubeck.

2° La Norwège. — Trois régions.

1° Au Nord **Norlandens.**

Moins froid que ne semble le faire supposer sa latitude, et jouissant même, grâce au Gulf Stream, d'un climat relativement assez doux. *La pêche*, qui est d'ailleurs une des richesses de la Scandinavie, est la principale ressource des habitants.

Tromsö, 2,500 h. — Petite ville dans une île de l'Océan Glacial.

Hammerfest, 800 h. — La ville la plus septentrionale du globe. Chef-lieu du *Finmark*, pays habité par les Lapons.

2° Au Centre **Nordenfields.**

Pays situé au *N. des montagnes*. Couvert d'immenses *sapinières*; importantes *pêcheries* (hareng, morue, saumon).

Bergen, 34,000 h. — Place forte et premier port marchand. — *Drontheim*, 23,000 h. — Ancienne capitale.

3° Au Sud **Sondenfields.**

Pays situé au *S. des montagnes*. Est la seule partie fertile de la Norwège. Belles forêts.

Stavanger, 20,000 h. — Port commerçant. Grande exportation de planches de sapin. — *Christiansand*, Place forte et port militaire.

Christiania, 107,000 h. — Capitale de la Norwège. Occupe l'extrémité d'un fiord allongé. Port très commerçant. Cette ville a dans ses environs la place forte de *Frédéricksall* devant laquelle fut tué Charles XII, 1718.

Les États Scandinaves. — 2° Le Royaume de Danemark.

Limites. Au Nord. — Le Skager Rack et le Cattégat. — A l'Est. — Le Sund (entre l'île de Seeland et la Gothie) et la Baltique.
Au Sud. — La Prusse (Sleswig). A l'Ouest. — La Mer du Nord.

Deux parties. 1° La presqu'île du Jutland. — Amoindrie en 1864 des duchés de *Sleswig*, de *Holstein* et de *Lauenbourg* enlevés par la Prusse, cette presqu'île qui se termine au Nord par le cap *Skagen*, est formée, surtout au centre, de landes sablonneuses et presque stériles, parsemées de lacs et de marais. Les côtes basses, plates, bordées de dunes et de tourbières sont découpées par de nombreux fiords, dont l'un, le *Lym-fiord*, traverse le Jutland de part en part depuis quelques années, faisant de la partie septentrionale une sorte d'île.

2° Les Iles. — *Seeland*, séparée de la Suède par le détroit du Sund; *Fionie*, séparée de Seeland par le Grand Belt et du continent par le Petit Belt: *Langeland, Laaland, Falster, Moen, Bornholm.*

Superfie, *38,000 kil. carrés.* — Soit quatorze fois moindre que la France.

Population. *1,900,000 habitants.* — Soit à peu près la population de Paris.
La grande majorité de la population est d'origine et de langue danoises. La religion dominante est le luthéranisme.

Formation territoriale. Désigné par les anciens sous le nom de *Chersonèse cimbrique* et habité par des peuples de race germanique, les Jutes, les Goths, les Cimbres et les Angles, le Danemark, dont le nom signifie *champs bas*, fut, au moyen-âge, la terre d'où partirent ces redoutables pirates, connus sous le nom de *Normands*. Au Xe siècle, il reçut le christianisme et devint un puissant royaume qui s'étendit sur une partie de la Baltique (Lübeck à Danzig) et la province de Gothie. En 1397, la fameuse Marguerite de Waldemar, reine de Danemark, réunit les trois royaumes scandinaves. Cette union fut rompue par la Suède en 1523 et le Danemark, qui avait conservé la Norwège, la perdit en 1815. Le duché de Lauenbourg, qui lui avait été donné en échange de ce royaume, lui fut enlevé, ainsi que le Sleswig et le Holstein, par la guerre contre la Prusse et l'Autriche et le traité de Vienne (1864).

Gouvernement *Monarchie constitutionnelle.* Le Parlement (*Rigsdag*) se compose de deux chambres: le *Wolksthing* ou chambre du peuple, élue par le suffrage universel et le *Landsthing* ou chambre des propriétaires fonciers.

Divisions politiques. — Trois parties divisées en huit diocèses.

1° Le Jutland.
Aalborg. 12,000 h. — Port sur le Lym-fiord. Important par la pêche du hareng. Près de cette ville est la patrie de Malte-Brun.
Aarhus. 12,000 h. — Avec un beau port sur le Cattégat. — *Randers*, 8,000 h. — On y fabrique des gants dits de Suède.
Viborg. 5,000 h. — Passe pour être la ville la plus ancienne du Danemark.

2° Les Iles.
Copenhague (Kiœbenhavn), 250,000 h. — Dans l'île de Seeland. *Cap. du royaume* depuis 1443, port sur le Sund et place forte. Elle fait à elle seule plus de la moitié du commerce danois. C'est aussi la ville des lettres et des arts et la seule place où l'industrie ait quelque activité. — Patrie de Thorwaldsen.
Elseneur. 12,000 h. — Dans l'île de Seeland. Port sur le Sund.
Odensée. 16,000 h. — Dans l'île de Fionie. La plus jolie ville du royaume. — Patrie d'Andersen.

3° Dépendances
Les îles Færœer. Pauvre archipel de 25 îles dont le nom signifie *îles aux moutons*. Situées à mi-chemin entre l'Écosse et l'Islande et peuplées de 11,000 h., ces îles montagneuses et presque stériles ont pour capitale la triste *Torshavn.*
L'Islande. Grande île de 102,000 kil. carrés, située sous le cercle polaire à 900 k. au Nord de l'Écosse. Terre de glaciers, de volcans (le Mont Hékla, 1720 m.), d'eaux chaudes jaillissantes (le *Geyser*, jet d'eau de 50 m. de haut.), l'Islande, habitée par une population de 71,000 âmes a pour capitale le Bourg de *Reykiavik* 1200 h., aux maisons en bois couvertes de toile goudronné. Elle tire son nom (Bourg fumant) des vapeurs qui flottent sur les sources chaudes du voisinage.

Productions. Pays essentiellement *agricole* et fertile surtout dans les îles et principalement dans Seeland. La culture des *céréales* occupe plus du quart du territoire. Le *bétail* est nombreux: aussi la fabrication du *beurre* et du *fromage* est elle la principale industrie, comme en Hollande et en Suisse.

Colonies. La terre arctique du *Groënland* 1000 h.; les îles *St-Thomas*, *Ste-Croix* et *St-Jean* dans les Antilles, 38,000 h.

Les principales lignes de Chemins de fer de l'Europe. (1)

1° Six lignes principales du Nord au Sud.

Ligne	Pays	Villes
1° Manche au détroit de Gibraltar. Du Hâvre à Cadix. Elle traverse :	La France	Le Hâvre, Rouen, Nantes, Paris, Orléans, Blois, Tours, Poitiers, Angoulême, Bordeaux, Bayonne *(Lignes de l'Ouest, d'Orléans et du Midi).*
	L'Espagne	Vittoria, Burgos, Valladolid, Madrid, Cordoue, Séville, Cadix. — Avec embranchements de *Vittoria à Barcelone par Pampelune et Saragosse.* — De *Madrid à Lisbonne par Badajoz, et Abrantès; à Alicante; à Carthagène par Murcie.*
2° Bouches du Rhin aux Bches du Rhône. Amsterdam à Marseille.	La Hollande	Amsterdam, Leyde, La Haye, Rotterdam. — **La Belgique:** Anvers, Bruxelles, Mons.
	La France	Valenciennes, Douai, Arras, Amiens, Creil, Paris *(Ligne du Nord).* Melun, Sens, Joigny, Tonnerre, Dijon, Châlons, Mâcon, Lyon, Valence, Avignon, Arles, Marseille (Ligne P. L. M.)
3° Bouches de l'Elbe à la mer Tyrrhénienne et à la mer Ionienne. Hambourg, Naples, Brindisi.	L'Allemagne	Hambourg, Hanôvre, Cassel, Francfort, Darmstadt, Carlsruhe, Fribourg.
	La Suisse	Bâle, Lucerne, *Tunnel du St-Gothard* (qui sera bientôt livré à la circulation), Bellinzona.
	L'Italie	Milan, Plaisance, Parme, Modène et Bologne *où cette ligne se bifurque* et suit, d'un côté, le littoral de l'Adriatique par Ancône et Bari; d'un autre côté aboutit à Naples par Florence et Rome.
4° Baltique à Adriatique. Stettin à Trieste.	La Prusse	Stettin, Berlin. — **La Saxe:** Dresde.
	L'Autriche	Prague, Vienne, Gratz, Laybach. — *Une autre ligne,* partie de Prague, aboutit également à la mer Adriatique (Venise) par Linz, Salzbourg, Innspruck, *col du Brenner,* Trente et *traverse en Italie* Vérone, Vicence et Venise.
5° Baltique à Archipel mer Noire et Marmara. Dantzick à Salonique, Constantinople et Varna.	La Prusse	Dantzick à Cracovie par Posen et Breslau ou Varsovie (Russie).
	L'Autriche	Cracovie, Pesth, Szegedin, Temeswar, Orsova. **La Roumanie:** Craïova, Bucharest, Giurgevo.
	La Roumanie	Roustchouck, Varna. — *Cette ligne se rattachera* aux deux lignes encore incomplètes de Turquie (qui vont l'une de *Salonique à Mistrovitza;* l'autre de *Constantinople à Philipopoli* par Andrinople.
6° Baltique à Mer Noire et au Caucase.	La Russie	St-Pétersbourg, Moscou, Orel, Koursk, Kherkow, Poltava et Odessa. A *Koursk,* un 1er embranchement conduit à Sébastopol en Crimée; un 2e à Taganrog (Mer d'Azof) et se prolonge jusqu'à Vladikaukaz (au pied du Caucase).

2° Six lignes principales de l'Ouest à l'Est.

Ligne	Pays	Villes
1° Ligne de Mer du Nord et de la Baltique.	Elle longe les côtes de ces deux mers en traversant :	
	La Hollande	Harlingen, Leuwarden, Groningue. — **L'Allemagne:** Oldenbourg, Brême, Hambourg, Lubeck, Stettin, Dantzick, Kœnigsberg.
	La Russie	Kovno, Vilna, St-Pétersbourg, Helsingfors, Abo.
2° Europe Septentle. Brest à St-Pétersbourg.	Parallèle au rivage de la Mer du Nord et de la Baltique, elle coupe du S.-O. au N.-E.	
	La France	Brest, Rennes, Le Mans, Paris, Creil, St-Quentin. — **La Belgique:** Namur, Liège.
	L'Allemagne	Cologne, Hanovre, Magdebourg, Berlin, Francfort, Posen. — **La Russie:** Kovno, Vilna, St-Pétersbourg.
3° Europe Centrale. Nantes à Moscou et à la frontière d'Asie.	Parallèle à la ligne de partage des eaux, elle traverse de l'Ouest à l'Est.	
	La France	Nantes, Orléans, Paris, Châlons, Nancy. — **L'Allemagne:** Strasbourg, Mayence, Francfort, Nuremberg, Prague, Olmutz, Cracovie (ou Gotha, Weimar, Leipzig, Dresde, Breslau et Cracovie)
	La Russie	Varsovie, Vilna, Smolensk, Moscou et Nijni ou Moscou, Samara et Orenbourg.
4° Ligne du Danube. Paris à Odessa.	L'Allemagne	Strasbourg, Carlsruhe, Stuttgart, Augsbourg, Munich.
	L'Autriche	Vienne, Pesth, Szegedin, Tuneswar, Orsova. — **La Roumanie:** Bucharest, Galatz, Odessa.
5° Europe Méridionale. Bordeaux à Constantinople.	La France	Bordeaux, Toulouse, Cette, Avignon, Valence, Grenoble, *Tunnel du Mont Cenis.*
	L'Italie	Turin, Milan, Bergame, Brescia, Vérone, Vicence, Venise.
	L'Autriche	Trieste, Agram, Sisseck (sur la Save). Elle est destinée à se prolonger, par la Turquie, jusqu'à Constantinople.
6° Méditerranée Occidentale. Alicante à Naples.	Elle longe les côtes de la Méditerranée occidentale en traversant :	
	L'Espagne	Alicante, Valence, Barcelone, Gérone.
	La France	Port-Vendres, Perpignan, Narbonne, Cette, Montpellier, Arles, Marseille, Toulon, Cannes, Nice.
	L'Italie	Savone, Gênes, Pise, Livourne, Civita-Vecchia, Rome, Naples.

(1) *En partie d'après l'ouvrage de M. Pigeonneau :* Géographie commerciale des cinq parties du monde.

TABLE DES MATIÈRES

FIN DE LA TABLE.

Imp. J. Hallibourg, 5, rue des Fontaines, Paris. — Typ. Radenez, à Montdidier.

www.ingramcontent.com/pod-product-compliance
Ingram Content Group UK Ltd.
Pitfield, Milton Keynes, MK11 3LW, UK
UKHW020959220726
13924UKWH00002B/784

9 782019 932879